实用口才训练课堂

提高口才水平的手边书

孙颢 / 编著

中国华侨出版社

图书在版编目（CIP）数据

实用口才训练课堂/孙颢编著 . —北京：中国华侨出版社，2010.5
ISBN 978－7－5113－0381－3

Ⅰ.①实… Ⅱ.①孙… Ⅲ.①口才学—基本知识
Ⅳ.①H019

中国版本图书馆 CIP 数据核字（2010）第 072265 号

● 实用口才训练课堂

编　　著	/孙　颢
责任编辑	/文　心
经　　销	/新华书店
开　　本	/710×1000 毫米　1/16　印张 15　字数 220 千字
印　　数	/5001-10000
印　　刷	/北京一鑫印务有限责任公司
版　　次	/2013 年 5 月第 2 版　2018 年 3 月第 2 次印刷
书　　号	/ISBN 978－7－5113－0381－3
定　　价	/29.80 元

中国华侨出版社　北京市朝阳区静安里 26 号通成达大厦 3 层　邮编 100028
法律顾问：陈鹰律师事务所
编辑部：（010）64443056　　64443979
发行部：（010）64443051　　传真：64439708
网　　址：www.oveaschin.com
e-mail：oveaschin@sina.com

前　言

由于工作、生活的需要，想提高口才水平的人大有人在。但是如何能快速提高口才水平呢？大多数人尚不得其门而入。本书以实用为出发点，理论探讨与具体方法相结合，力图给读者提供一个快捷方便的口才实用知识查阅平台。

本书从以下七个方面，对口才相关知识进行了阐述：

一是先要做到敢说话。口才好的人都能在众人面前侃侃而谈，所以，不怯场、敢说话是口才能力的一个先决条件。是否可以做到敢说话，有个人性格的因素，有语言表达水平的因素，只要这二者有机地结合起来，你就不再是那个人前退缩的口才"弱者"。

二是要掌握说的技巧。一提到口才，人们的第一感觉是口中滔滔不绝的"语流"，在这里对这一点必须做出澄清：不是口若悬河就是口才好，还得会说话才行，这里面有很好的技巧，掌握了这些技巧，口才水平才能有实质性的提高。

三是说话要有的放矢。有句俗话叫"见什么人说什么话"，这里有贬其随风倒的意思，但从口才艺术的角度讲其实并无不妥：对老人、孩子、朋友、陌生人、上司、下属等等，这些不同的对象，说话的方式显然是不能一样的。所以，从一定意义上说，针对性是口才的命根子。

四是要懂得人情世故。口才是语言的艺术，但语言不是空中楼阁，它要针对特定的人、特定的事。只有深通处世之道，懂得人情世故，口才才有其实际的意义，也才能对工作、生活，对办事、社交具有实际的帮助。

五是口才不能拘于一格。如果我们问：你说过谎吗？恐怕没有一个人敢拍着胸脯否定。另一方面，人们大都厌恶虚情假意的说话方式，但与有些谎话一样，虚话在生活中也不可或缺。其实，只要是抱着与人为善的目的，口才中加进一些"假"的、"虚"的因素又何尝不可呢？

六是只有勤学苦练才有提高。一个人能说会道、口才好不能否认有先天的因素，但这不应该是一个决定性的因素，后天的努力对口才更加重要。在人际交往愈加密切的今天，口才的用武之地越来越广阔，只要你找到提高口才水平的门径并勤加练习，就一定能拥有可以帮你建功立业的"三寸不烂之舌"。

七是要注意不要触犯别人的禁忌。口才在现代社会的功用勿须多言，但凡事都有两面性，若运用不当，口才之利也可能伤及自身。所以，越是口才好的人越应该注意，不要口无遮拦地想到什么就说什么，尤其是不要触犯别人的禁忌——不管你有意还是无意。请记住：避开禁忌，口才方能无敌。

总之，一个人口才的水平有多高，一定程度上体现出做人做事的水平有多高，从这个意义上说，口才高手必定也是一个会做人善做事的高手。不要再把口才当成雕虫小技，它实在是一个上天入地的大本事。希望本书能为你提高口才水平的努力提供一个良好的开端。

编著者
2010 年 3 月

目 录

第一课　要想口才好　先得敢说话

　　口才好的人都能在众人面前侃侃而谈，所以，不怯场、敢说话是口才能力的一个先决条件。是否可以做到敢说话，有个人性格的因素，有语言表达水平的因素，只要这二者有机地结合起来，你就不再是那个人前退缩的口才"弱者"。

一、如何具备当众说话的能力 ··· 2
　　1. 克服当众讲话的恐惧感 ··· 2
　　2. 当众说话前尽量做好充分准备 ······································· 4
　　3. 当众演讲能力是综合语言素质的体现 ······························· 5
　　4. 第一句话就制造悬念 ·· 9
　　5. 有根有据地当众说话才具有说服力 ·································· 10
　　课后练习：怎样提高公共演说能力 ·· 12

二、如何反驳别人的语言攻击 ·· 13
　　1. 以其人之道还治其人之身 ·· 13
　　2. 放大荒谬是反驳的妙招 ··· 16

3. 幽默能让对方的说法不攻自破 …………………………… 18
4. 反驳要抓住对方的要害 ………………………………… 19
5. 把握语言反击的有效性 ………………………………… 22
课后练习：怎样运用口才大胆反击别人 ………………… 24

第二课　用口才须学口才　勤练习才有提高

　　一个人能说会道、口才好，不能否认有先天的因素，但这不应该是一个决定性的因素，后天的努力对口才更加重要。在人际交往愈加密切的今天，口才的用武之地越来越广阔，只要你找到提高口才水平的门径并勤加练习，就一定能拥有可以帮你建功立业的"三寸不烂之舌"。

一、如何让自己更加能言善辩 …………………………… 34
1. 在遣词造句上下工夫 …………………………………… 34
2. 形象生动的语言最有说服力 …………………………… 35
3. 让自己的声音更有魅力 ………………………………… 37
4. 说话快慢要适中 ………………………………………… 38
5. 善于用非语言来表达 …………………………………… 40
课后练习：怎样才能提高自己的"语商" ………………… 41

二、如何从细节处提高语言表达的水平 …………………… 42
1. 怎样打开你的话匣子 …………………………………… 42
2. 如何恰如其分地称呼他人 ……………………………… 46

3. 口才来自平时的积累 ·· 48
4. 社交中巧妙提问 ·· 51
5. 社交中巧妙回答 ·· 53
课后练习：怎样练习你的口才技巧 ································ 54

第三课　掌握说话技巧　提高口才水平

一提到口才，人们的第一感觉是口中滔滔不绝的"语流"，在这里对这一点必须做出澄清：不是口若悬河就是口才好，还得会说话才行，这里面有很好的技巧，掌握了这些技巧，口才水平才能有实质性的提高。

一、社交场合如何把握口才技巧 ·· 58
 1. "场面话"不是可有可无的 ······································ 58
 2. 场面上要注意礼节和措辞 ·· 59
 3. 学会没话找话 ·· 61
 4. 寻找感情上的突破口 ·· 63
 课后练习：怎样在社交场合得体地介绍自己 ···················· 64
二、如何通过说软话扭转社交中的被动局面 ························ 65
 1. 请领导帮忙时应让领导同情你 ·································· 65
 2. 有感情也得能低头 ·· 68
 3. 功劳面前更要说低头话 ·· 69
 4. 说错话后及时认错 ·· 71

课后练习：怎样应对无谓的口舌之争 …………………………… 72

三、特殊情况下应采取什么样的口才技巧 …………………… 75

1. 装聋作哑的应对术 …………………………………………… 75
2. 王顾左右而言他 ……………………………………………… 79
3. 不宜明说的话要含糊些 ……………………………………… 81
4. "没听懂"也是一种口才技巧 ……………………………… 82
课后练习：为什么口才技巧也得软硬都抓 …………………… 84

四、口才技巧以掌握对方心理为基础 ………………………… 85

1. 从谈吐中观察人的心理反应 ………………………………… 85
2. 拒绝别人需要讲究策略 ……………………………………… 89
3. 用幽默拉近你和他人之间的距离 …………………………… 91
4. 谈吐幽默的方法和实用技巧 ………………………………… 95
课后练习：怎样在谈话时制造共同话题 ……………………… 97

五、在紧急情况下说话如何做到随机应变 …………………… 98

1. 面对窘境的应变说话技巧 …………………………………… 98
2. 繁话简说的应变说话技巧 …………………………………… 101
3. 以变应变的说话技巧 ………………………………………… 105
4. 以不变应万变的说话技巧 …………………………………… 108
课后练习：怎样在紧急情况下进行口才应变 ………………… 111

第四课　处世落在实处　口才才有实效

口才是语言的艺术，但语言不是空中楼阁，它要针对特定的人、特定的事。只有深通处世之道，懂得人情世故，口才才有其实际的意义，也才能对工作、生活，对办事、社交具有实际的帮助。

一、口才应以什么样的处世方式为基础 ········· 114
 1. 以友好的方式开始 ················· 114
 2. 多从他人的角度看问题 ··············· 116
 3. 学会面带微笑去说话 ················ 118
 4. 别让假话伤着自己 ················· 120
 5. 从心底里尊重别人 ················· 122
 课后练习：为什么要多说让人感受到关心的话 ······· 123

二、如何让批评人的实话也能让人接受 ·········· 125
 1. 把恭维掺杂在批评之中 ··············· 125
 2. 暗示比直接的批评更有效 ·············· 126
 3. 换一种人们更容易接受的批评方式 ·········· 128
 4. 要给被批评者解释的机会 ·············· 129
 5. 对不该原谅的错误一定要严厉批评 ·········· 131
 课后练习：批评人应遵守一些什么原则 ·········· 136

第五课　口才不是乱逞能　说话要有针对性

有句俗话叫"见什么人说什么话",这里有贬其随风倒的意思,但从口才艺术的角度讲其实并无不妥:对老人、孩子、朋友、陌生人、上司、下属等等,这些不同的对象,说话的方式显然是不能一样的。所以,从一定意义上说,针对性是口才的命根子。

一、如何因人而异地施展口才 ······················· 140
1. 从对方得意的事情说起 ······························· 140
2. 措词因人而异 ··· 141
3. 分辨对象说话的技巧 ··································· 142
4. 如何与名人交谈 ··· 143
5. 如何与有钱人说话 ······································· 145
课后练习:怎样看待对象去说话 ······················ 147

二、如何得体地跟上司说话 ······························· 148
1. 指出上司错误的技巧 ··································· 148
2. 与上司聊天时,说你应该说的话 ··············· 149
3. 不可贸然向上司进言 ··································· 150
4. 不要和上司称兄道弟 ··································· 151
5. 在公开场合提意见要把握分寸 ··················· 151
课后练习:怎样看人脸色说对话 ······················ 155

三、如何运用口才跟客户做生意 …… 156

1. 打开客户的话匣子 …… 156
2. 用客户喜欢听的话打动其心 …… 158
3. 此路不通何妨换一条 …… 160
4. 不要忽视电话沟通 …… 161
5. 正确应对客户的"不" …… 163

课后练习：怎样找到一个跟客户交流的口才借力点 …… 164

四、如何让口才的运用更加稳妥 …… 165

1. 言多必失，祸从口出 …… 165
2. 追求最理想的说话效果 …… 168
3. 说话要顾及别人的面子 …… 169
4. 冷静摆脱难题带来的困境 …… 171
5. 拒绝也要讲究技巧 …… 173

课后练习：怎样把握该问与不该问的 …… 175

第六课　口才不能拘一格　说话可虚理不虚

如果我们问：你说过谎吗？恐怕没有一个人敢拍着胸脯否定。另一方面，人们大都厌恶虚情假意的说话方式，但与有些谎话一样，虚话在生活中也不可或缺。其实，只要是抱着与人为善的目的，口才中加进一些"假"的、"虚"的因素又何尝不可呢？

一、如何通过赞美放大口才的能量……………………………178
　　1. 一句赞扬的话能够改变一个人 ……………………178
　　2. 赞美能最快地改变你与他人的关系 ………………179
　　3. 总能找到赞美的理由 ………………………………180
　　4. 发自内心的称赞最能使人愉快 ……………………183
　　5. 有创意的赞美更让人受用 …………………………185
　　课后练习：怎样恰如其分地称赞别人…………………186

二、为什么说会说人情话是口才水平的体现……………187
　　1. 说人情话首先要会察言观色 ………………………187
　　2. 人情话能办大事情 …………………………………189
　　3. 以真诚把话说好 ……………………………………192
　　4. 结交老乡关系 ………………………………………193
　　5. 同事和谐需要润滑剂 ………………………………197
　　课后练习：怎样在日常交往中说好人情话……………200

第七课　避开禁忌　口才无敌

　　口才在现代社会的功用勿须多言，但凡事都有两面性，若运用不当，口才之利也可能伤及自身。所以越是口才好的人越应该注意，不要口无遮拦地想到什么就说什么，尤其是不要触犯别人的禁忌——不管你有意还是无意。请记住：避开禁忌，口才方能无敌。

一、如何避免说话犯忌 ······ 204

1. 直言直语得罪人 ······ 204
2. 避免你的赞语引起误解 ······ 206
3. 不满不必总形于言辞 ······ 207
4. 空头支票开不得 ······ 209
5. 客气话太多招人烦 ······ 210

课后练习：怎样改掉不良的谈吐习惯 ······ 211

二、只说不听是口才艺术的大忌 ······ 214

1. 倾听可以起到夸夸其谈起不到的作用 ······ 214
2. 给他人说话的机会 ······ 215
3. 倾听可以让谈话的气氛更活跃 ······ 216
4. 生活中每一次谈话都要注意倾听 ······ 219
5. 成功的倾听有规律可循 ······ 220

课后练习：为什么说倾听能改变说话的结果 ······ 221

第一课

要想口才好　先得敢说话

　　口才好的人都能在众人面前侃侃而谈,所以,不怯场、敢说话是口才能力的一个先决条件。是否可以做到敢说话,有个人性格的因素,有语言表达水平的因素,只要这二者有机地结合起来,你就不再是那个人前退缩的口才"弱者"。

一、如何具备当众说话的能力

1. 克服当众讲话的恐惧感

没有哪个人是天生的大众演讲家。要想获得自信、勇气和面对公众发表演讲时冷静而清晰思考的能力，并不像大多数人所想象的那么困难——甚至可能不到其想象的十分之一的困难。

当众演讲不是一门封闭的艺术，因此你根本不用掌握修辞法和经过多年训练去美化声音。卡耐基先生从几十年的教学经验中得出这样一个结论：当众演讲很容易，你只要掌握一些简单而重要的原则就行了。

刚开始时，卡耐基也一样无知。那时人们所用的教学方法，就是他在大学中教授们教他的方法。但很快他就发现用这种方法教那些商界人士根本就行不通。即使用当时一些演讲名家，如韦伯斯特·伯克彼德、奥卡纳尔等人的一些方法也不行。因为这些学生是一些商界人士，他们需要的只是有足够的勇气在商务会议上站起来，清晰连贯地表达自己的思想。所以在万般无奈之下，卡耐基只有抛开所有的教科书，用一些简单的概念，首先教他们克服当众讲话的恐惧感，终于取得了一定的效果。

有一位成功的企业家叫哥尔特。他曾经有许多在公众面前说话的机会，但在潜意识中却十分恐惧，他总是试图躲避与人正面交流。可现在他是大学的董事会主席，这个职务要求他必须经常地主持各种会议。哥尔特的年纪已经很大了，对能否学会演讲总是抱着怀疑的态度。

后来他掌握并逐步尝试了克服恐惧的方法，终于成功获得演讲的能力。他所负责的教区曾经邀请英国首相来做公开演讲，而负责向听众介绍这位杰出政治家的人就是哥尔特自己。

几年前，一位家庭医生克狄斯大夫，前往佛罗里达州度假。度假地离著名的巨人棒球队的训练场地不远。克狄斯大夫是一位铁杆球迷，他经常去看球队练习，渐渐地他就和球员们成了好朋友。一天，他被邀请参加一次球队的宴会。吃饭前，宴会的主持人请他就棒球运动员的健康情况谈一谈自己的想法。

克狄斯是专门研究卫生保健的，他行医已有三十多年。对主持人提出的这个问题，对他来说很简单，他根本不用做任何准备，就可以侃侃而谈。可是，在这种场合下，他还是第一次。当听到主持人提到自己的名字时，他的心跳立刻加快，简直不知所措。他努力想使自己镇静下来，可无济于事，他的心脏仿佛就要跳出胸膛。这时参加宴会的人都在鼓掌，全都注视着他。怎么办？再三思虑之后，他摇摇头，表示拒绝。但却引来了更热烈的掌声，听众也自发地呼喊起来。

克狄斯心里清楚，在这种极其沮丧的情绪支配下，自己一旦站起来演讲，肯定会失败，更有甚者可能连五六个完整的句子都讲不出来。他只好站起来，背对着朋友，默默地走了出去，心中充满了难堪和耻辱。

他迫切希望提高自己的公众演讲能力。正是这种迫切性，使他毫无怨言地通过刻苦学习来建立当众说话的自信心。慢慢地，他的紧张情绪消失了，他已成为班上的演讲名家，并开始接受邀请，到各地去演讲。

现在，克狄斯说他非常喜欢演讲时那种欣喜的感觉以及所获得的荣誉，更让他高兴的是，他在演讲中结交到了更多的朋友。纽约市共和党竞选委员会的一名委员，在听过克狄斯大夫的演讲后，马上就邀请他到各地为共和党发表竞选演讲。

当众演讲的恐惧大多数人都有，这极大地抑制了人们自身具备的语言潜能的发挥，也使其公众形象在一定程度上打了折扣。实际上，恐惧只是一层窗户纸，如果我们能像哥尔特和克狄斯先生那样勇敢地捅破它，当我们面对再多的人侃侃而谈时，也就无所畏惧了。

2. 当众说话前尽量做好充分准备

林肯说："即使年纪一大把，经验一大堆，如果无话可说，也免不了要为此难为情。"只有准备充分的演讲者才有完全的自信。

数年前，一位非常显赫的政府官员要在纽约的一次午餐会上做主持人，几千名听众都在等着听他演讲，想听一听他部门里的工作情况。可他一上台，人们就发现他没有准备。刚开始他想即兴讲讲，结果呢，却无话可说。于是他从上衣口袋里掏出一叠笔记来，想找一点儿演讲的东西，但笔记杂乱无章。他心里越紧张，说起话来就越发显得笨拙和尴尬。随着时间一分一秒地过去，他越发地绝望，也越来越不知该说什么才好。他不停地说着对不起，挣扎着还想从笔记中理出一点头绪来，于是他用颤抖的手端起一杯水，凑到干燥的唇边。当时的情景真是惨不忍睹。最后，他只好坐了下来，而留给大家的是一个最丢脸的演讲家的形象。他的演讲方式正印证了卢梭说的书写情书的方式，那就是：始于不知何所云，止于不知已所云。

充分的准备，不是让你逐字逐句地将演讲稿背诵下来。如果犯了这种毛病，便会花费很多精力和时间去背诵，这样会毁掉整个演讲。

卡德伯恩是美国一位资深的新闻评论家。他还在哈佛上大学时，曾参加过一次演讲竞赛。当时他选了一则题为《先生们，国王》的短篇故事作为演讲内容，然后把它逐字逐句地背诵下来，并且做了数百次的预讲。

比赛那天，他刚说出题目"先生们，国王"这几个字，头脑中就变成了空白，他吓得差点儿跑下台去。绝望之中，他只好用自己的话来讲这个故事，结果他得了第一名。当评委给他颁奖时，他简直不敢相信这是真的。

也就是从那时起，卡德伯恩就不再去背诵任何一篇演讲稿了，他只是做些笔记，然后自然地对听众说话。这就是他在广播事业中成功的秘诀。

每个人都知道，说话是一件很自然的事。说话前的准备主要是准备好讲话的内容并理清思路，而不必去费力地推敲词句。我们通常是边说边想，因此言语便像我们呼吸的空气一样，不知不觉地自然流出。演讲前先写出演讲稿，再把它背下来，不但浪费精力、时间，而且很容易导致失败。

3. 当众演讲能力是综合语言素质的体现

我们的言谈、我们当众说出的每一句话，随时会被别人当成评价我们的标准。我们的语言，显示了我们的修养程度，它能让听众知道我们的出身、教育程度和个人修养。

一位英国人，又穷又没工作，于是他就在费城的街道上找工作。

他走进了大商人保罗·吉波斯的办公室，要求和保罗先生见面。保罗先生用十分不信任的眼光盯着这位陌生人，只见他衣衫褴褛，衣袖底部全已磨光，浑身都透着寒酸气。保罗先生一半出于好奇，一半出于同情，答应接见他。保罗原来只计划同他说几秒钟，但随即几秒钟变成了几分钟，几分钟又变成了一个小时后，谈话依旧进行。谈完后，保罗先生又打电话邀请费城的大资本家狄龙出版公司的经理罗兰·泰勒先生，同自己一起和这位陌生人吃午餐，然后又为他安排了一个很好的工作。

这位外表贫困潦倒的陌生男子，怎么能在如此短的时间，影响了如此重要的两位人物？答案很简单，那就是他有很强的英语表达能力。

原来，这个人是牛津大学的毕业生，到美国从事一项商务活动。不幸这项商务活动没有成功，当时他既没有钱，也没有朋友，因此就被困在了美国，有家不能回。英语是他的母语，所以他说得既标准又漂亮。他一张口，就使人们忘记了他那破旧的衣服、沾满泥土的皮鞋和没有刮净的脸。他的言谈立即成为了他进入商界的通行证。

有许许多多的人稀里糊涂地过了一生，他们离开学校后，不知要努力增加自己的词汇，不去掌握各种字义，不能准确并肯定地说话。他们已经习惯于使用那些街头和办公室使用的、意义虚幻的词句，这也就难怪他们的讲话缺乏个性特点了。

在哈佛大学担任了三十多年校长的爱罗特博士说："在绅士和淑女的教育中，我认为只有一课必修，那就是能准确、优美地使用他的母语。"这句话意义深远，很值得我们深思。那么我们怎样才能准确、优美地使用本国语言呢？林肯就曾使用了这一公开的秘密方式，获得了惊人的成就。

林肯的父亲是一位懒惰又不识字的木匠，母亲是一个没有特殊学识与技能的平凡女子。这样的父母所生的林肯并没得到上苍的厚爱，天生就没有运用语言的天赋。那么他为何能把语言编织成如此美丽的形式，能说出如此无与伦比、富有音乐节奏的语句呢？

林肯当了国会议员后，他的官方记录中有一个形容词来描述他接受的教育："不完全。"其实，他一生所接受的教育时间还不到一年。那么，是不是有什么良师的教导，才有现在的林肯呢？肯塔基森林内的巡回小学的教师，从这个屯垦区搬迁到另一个屯垦区，只要当地的拓荒者愿意给他们面包和火腿，他们就留下来教导孩子们读、写、算。那时，林肯从他们那里得到了一些启蒙教育。

后来，他来到了伊利诺州第八司法区。在那里，他结识了一些农夫、商人和诉讼当事人，这些人也根本没有特殊或神奇的语言才能。但当时林肯没有把他的时间全部浪费在这些人身上。他和一些头脑灵活的人成为了好朋友，这些人包括著名的歌手、诗人等。他能背诵伯安斯、拜伦、布朗宁的整本整本的诗集，写过评论伯安斯的演讲稿。他的家里和办公室内都有一本拜伦的诗集。办公室中的那本,因为经常翻看,所以只要他一拿起来,就会自动翻到《唐璜》那一页。

他入主白宫后,内战的悲剧虽然消耗了他的大量精力,在他的脸上留下了深深的皱纹,但他仍然抓紧一切时间,阅读英国诗人胡特的诗集。有时深夜醒来,随手翻开诗集,如果看到让他高兴或很有启示的诗,他就会跑到他的秘书那里,一首一首地给他读。有时他会抽时间复习他早已读得滚瓜烂熟的莎士比亚名著,也会给演莎剧的演员写信,提出自己独到的见解。他曾给莎剧的名演员荷基德写信,信中说:"我已读过莎士比亚的剧本,并且读过多遍。《哈姆雷特》、《李尔王》、《查理三世》、《亨利八世》,特别是《麦克白》,我认为《麦克白》写得太棒了,没有一个剧本能比得上。"

林肯非常热爱诗歌。他不仅背诵诗、朗读诗,而且他还写诗。在妹妹的婚礼上,他就朗读了自己写的一首长诗。到中年时,他已经写满了整本笔记本。

鲁宾逊在《林肯的文学修养》一书中说:"林肯是一位自学成才的人,他用真正的文化把自己的思想装饰起来,可以称之为天才。他的成长过程,和文艺复兴运动领导者之一的伊拉基默斯一样:虽然离开了学校,但他用永不停息的研究和练习来教育自己,直到成功。"

举止笨拙的拓荒者林肯,年轻时在印第安纳州鸽子河的农场里,靠杀猪和剥玉米叶子一天赚取3角1分的微薄收入生活。后来在盖茨堡,他发表了人类有史以来最为精彩的演讲。著名的盖茨堡大战中,有十万人参加,七千人阵亡,林肯曾就这次战役,发表了演讲。在林肯死后不久,著名的演讲家琴姆纳说:"这次战争的记忆已从人们的头脑中消失之后,林肯的演讲却仍清晰地印在人们的脑海中。如果人们再度记起这次战争的话,那一定是因为林肯的演讲。"

著名的政治家爱卫莱特曾在盖茨堡一口气进行了两个多小时的演讲,但人们早已把他的演讲忘掉了。而林肯的演讲还不到两分钟,当时有一位摄影记者想拍下他演讲的情形，他还没来得及架好原始的摄像机，林肯的演讲就已经结束了。林肯这次演讲的全文，曾被人雕刻在一块铜板上，陈列在牛津大学的图书馆里，成为英语文学的典范。下面就是那段被刻在铜板上的文字：

"我们的祖先87年前，在这块神奇的大陆上，建立了一个新的国家，孕育了自由，并且决心献身于一种信仰，那就是人人平等。现在，我们正在进行一次伟大的内战。我们在试验，想看一看，有这个信仰和主张的国家，究竟能否长久地存在。今天，我们在这场战争发生的盖茨堡集会。我们为那些为了国家的利益而牺牲了生命的人，奉献出这个战场上的一部分土地，作为他们永远安息的地方。我认为，我们这样做是非常合适和正当的。但是，从广泛的意义上来说，我们又不能奉献这片土地，因为它的神圣和尊严不是我们创造的，是那些曾经在这里奋斗的勇敢的人们——活着的和已经死去的人们，是他们使这块土地神圣，而不是我们。全世界的人不会长久地记得我们在这里演讲，但他们却会永远记住那些英雄们在这里所做的事。因此，现在还活着的我们，应该献身于曾在这里作战的人们曾经未完成的工作。他们已经牺牲了，我们更应坚定有力地完成他们未竟的事业。我们一定要有坚定的信念，要让这个国家在上帝的保佑下，得到自由的新生，要让那民有、民治、民享的政府不至于从地球上消失；更让那些牺牲了的人们不能白白地死去。"

许多听过这次演讲的人认为，这个不朽的结尾是林肯独创的。其实不然，林肯的律师朋友赫安德曾送给林肯一本巴科安的书，书中就有"民主就是直接自治，由全民管理，权利属于全体人民，由全体人民分享"这样的句子。正是林肯从书本上获得的丰富知识和语言素养造就了他卓越的演讲才能和这篇不朽的演讲。

4. 第一句话就制造悬念

如果演讲者想引起听众的兴趣,有一点必须记住:开始便进入故事的核心。

经常有这种情况:本应获得听众兴趣的开头,往往成了演讲中最枯燥的部分。比如说这样一个演讲:"要信赖上帝,并且相信自己的能力……"这样的开头就像开水煮白菜,说教意味太重。接着他说:"1981年我的母亲新寡,有三个孩子要养育,但却身无分文……"这第二句话就渐渐有意思了。演讲人为什么不在第一句就叙述寡母领着三个嗷嗷待哺的幼儿奋斗求生的事呢?

弗兰克·彼杰就是这样做的。他写了《我怎样在销售行业中奋起成功》一书。在美国商会的赞助下,他曾经在全美做巡回演讲,谈论有关销售的事情。他总是能够在第一句话就制造悬念,简直堪称"悬念大师"。他演讲《热心》这个题材的开始方式,真是高妙无比,叫人佩服得五体投地。他一不讲道、二不训话、三不说教、四无概括的言论,一开口便进入核心。

"在我成为职业棒球选手后不久,我便遇到了一生中最使我感到震惊的一件事。"

现场听众听到这个开头后,立刻就来了兴趣。每个人都迫切地想听听:他遇到了什么事?他为什么会震惊?他是怎么办的?

罗素·凯威尔的著名演讲《怎样寻找机会》,进行了6000多次,收入多达百万美元。他的这篇著名的演讲是这样开头的:

"1870年,我们到格利斯河游历。途中我们在巴格达雇了一名向导,请他带领我们参观波斯波利斯·尼尼维和巴比伦的名胜古迹。"

他就是用了这么一段故事,来做他的开场白。这种方式最能吸引听众。这样的开场白几乎万无一失。它向前推进，听众紧随其后，想要知道即将发生的事情。

即使是缺乏经验的演讲者，只要运用这种讲故事的技巧，那么照样也能成功地制造出一个精彩的开场白，以引起听众的注意力。

5. 有根有据地当众说话才具有说服力

统计数字是用来显示某种情况统计计算的结果的，因此，它们能给听众留下深刻的印象，并且极具说服力。尤其是它有证据的效应，这是孤立的事件所不可比拟的。

然而，数字本身是很让人厌烦的，所以使用时要明智而审慎。

一位主管，认为纽约人太懒，因为不立即去接听电话，造成了大量的时间损失。为了证明自己的观点，他说：

"在6个月中，每100个通话中，有7个显示，要超过一分钟的耽搁，接话人才拿起话筒。在这方面，每天共有280 000分钟的损失。在6个月中，纽约人耽搁的时间，差不多等于自哥伦布发现美洲以来的所有营业时间。"

在这个例子中，演讲者把统计数字和我们熟悉的事物放在一起，进行比较，收到了加强印象的效果。

如果只提起数字、数量本身，是不会给人留下深刻印象的，它们必须辅以实例。倘若可能，还必须加上我们自己的经验来讲述。

比如可以使用类比的技巧。

韦氏字典中，是这样解释类比的：类比是"两种事物之间相似的关系……不是存在于事物本身的相像，而在于两种或两种以上的事物，在性质、状况或效用等方面的相像"。

C. 基拉特·戴卫森在任内政助理秘书时，曾发表了题目为《更强劲电力的需要》的演讲。在这个演讲中，他就利用了类比来支持论点的技巧。

"繁荣的经济必须不断向前迈进，否则就会陷入紊乱。这好比飞机在地面停息时，只是一堆无用的螺钉螺帽的组合。可是一旦飞入空中，它就如鱼得水，发挥它的有效功能了。飞机为了要停留在空中，就必须不断地前进。如果不前进，它不能后退，只能下沉。"

林肯在艰难的南北战争期间，为回答批评他的人，做了一次演讲。在演讲中也使用了类比的手法。这个类比，恐怕是演讲史上最杰出的类比了：

"各位先生，我想让各位来做一番假设。假设你所有的财产都是黄金，你把它交到著名的走索家帕罗丁手中，让他从绳索上带过尼亚加拉瀑布去。当他走在瀑布上时，你会不会摇动绳索，或是不断地对他喊：'再俯低些！帕罗丁，走快些！'相信谁都不会这样做。你肯定会屏住呼吸，肃立一边，直到他安全地过去。现在美国政府就是这种情况。它正背负着极大的重量，越过狂涛汹涌的海洋，它手中有数不尽的财宝，请不要打扰它，只有我们都保持安静，它才能安然渡过。"

我们都知道，支持演讲重点的方法，就是凭借故事，或是自己生活的经验来说明，使听众去做演讲人要他们去做的事。事件或意外是一般演讲者最常用的方法，但不是可以支持要点的惟一方法。演讲者还可以使用专家的证言，这样权威的力量会增强你的说服力。

但在使用前，你需要注意以下几个方面：

（1）所使用的引述内容的准确性。
（2）它是否来自专家的专门知识领域？
（3）引述的对象是否为听众所熟知或尊敬？
（4）引述的资料是否肯定是第一手资料？

有一篇关于专业必要性的演讲，是这样说的：

"我相信，无论哪一个行业，通往出人头地的成功之路，在于让你成为那一行业的专家。我不相信分散个人才智的策略，也就是在多方面分心，而仍能在赚钱方面成为人上人……我能确定，这样的人在制造业方面肯定没有，能成功的人，都是那些选定一行，便坚持执著的人。"

这位演讲者的选择是明智的，他引述的是安德鲁·卡耐基的话。不仅因为他引用的内容准确，而且他所引述的对象，有资格谈论有关事业的成功之道，能够得到听众的尊敬。

课后练习：怎样提高公共演说能力

一个人的公共演说技巧也可以通过一些实践来得到提高。如果你对待自己的演说内容像学习课本知识一样用功努力的话，那你会从中得到很大的收获。提高你的演讲风格、声音的吸引力和自信是十分重要的。当你站起来与人交流并试图说服他人时，有三件事是十分重要的：

（1）当你站起来讲话时，你如何注视他人。
（2）你如何说出自己必须说的东西。
（3）你说了些什么。

在这三者之中，正如我们经常看到的一样，后者往往是最重要的。不管你是一位送信员，还是一位领导者，你不用去上什么礼仪、化妆学校，不用去学什么表演，你就能够懂得在公共场合中与他人交往时，如何更好地提高自己的整体形象和令他人接受的程度。如果你自己还不完全了解的话，你可以照一下镜子，人们对自己所亲眼看见的东西总是比听说的东西更加相信。在镜子中认真地审视一下自己，你看起来是否令人相信而充满自信？

几乎70%的高层管理者和决策者承认，他们最大的恐惧是在公共场合下讲话。有些人甚至在讲话前就感到身体不适，不知道这些人为何不事先多花点时间学会将话讲得更好一点。除非你喜欢辩论，否则你很少会花时间和精力去专门练习辩论。一个与人会谈时笨嘴笨舌、不知所措者也可以转变成一位精于言谈、从容自如地应付困境的老手。只要我们努力地训练自己，我们终能克服紧张情绪，消除内心的恐惧，从而变成一位充满自信的言谈者。

公共演说是一种综合因素的效果，对其中的每个细节，我们都不可忽视。

二、如何反驳别人的语言攻击

1. 以其人之道还治其人之身

做老实人说老实话，本来应该是一条为人处世的准则，但若一味地老实宽厚，反倒会迁就纵容别人不适当的言行。所以，面对别人的无礼攻击和嘲笑挖苦，我们一定要学会适当的反击，维护自己的利益和尊严。

一个吝啬的老板叫伙计去买酒，却没有给钱。他说："用钱买酒，这是谁都能办得到的；如果不花钱买酒，那才是有能耐的人。"

一会儿伙计提着空瓶子回来了。老板十分恼火，责骂道：

"你让我喝什么？"

伙计不慌不忙地回答说：

"从有酒的瓶里喝到酒，这是谁都能办到的；如果能从空瓶里喝到酒，那才是真正有能耐的人。"

显然，老板只是想占对方的便宜，如果伙计不能有效地反驳他荒谬的论调，就有可能遭到老板的严厉训斥，或者是自己贴钱给老板买酒，无论如何，吃亏的人都是他自己，没准儿还会助长老板的嚣张气焰。

在现实生活中，如果我们遇到了这样无理取闹、蛮不讲理的人，也一定要据理力争，适当反驳，切不可一味地任其摆布。那么，具体应该如何去反击这种无理取闹的行为，让对方承认自己的错误呢？

首先要控制自己的情绪。以"骤然临之而不惊，无故加之而不怒"的大丈夫的涵养与气量，在气质上镇住对方。然后要冷静考虑对策，从中选出最佳方案，以免做出莽撞之举。最后还要选准打击点，反击力要猛，一下子就使对方哑口无言。

著名诗人马雅可夫斯基才华横溢，又具有很强的个性和正义感。他看不惯也不能容忍一切腐败现象，就对此进行猛烈的抨击，但一切依然如故，有时候他还会受到对方的嘲笑和挖苦。即便如此，马雅可夫斯基仍然会坚持自己的立场，对于一切攻击进行尖锐的驳斥。

在一次演讲中，他刚讲了一个笑话，忽然有人喊道："您讲的笑话我不懂！"

"您莫非是长颈鹿！"马雅可夫斯基感叹道："只有长颈鹿才可能星期一浸湿了脚，到星期六才能感觉到呢！"

"我应当提醒你，马雅可夫斯基同志，"一个矮胖子挤到主席台上嚷道："拿破仑有一句名言：从伟大到可笑，只有一步之差！"

"不错，从伟大到可笑，只有一步之差。"他边说边用手指着自己和那个胖子。

诗人接着回答条子上的问题。"马雅可夫斯基同志，您今天晚上得了多少钱啊？"

"这与您有何相干？您反正是分文不掏的，我还不打算与任何人分呢！"

"您的诗太骇人听闻了，这些诗是短命的，明天就会完蛋，您本人也会被忘却，您不会成为不朽的人。"

"请您过一千年再来，到那时我们再谈吧！"

"马雅可夫斯基，您为什么喜欢自夸？"

"我的一个中学同学舍科斯皮尔经常劝我：你要只讲自己的优点，缺点留给你的朋友去讲！"

"这句话您在哈尔科大学已经讲过了！"一个人从座位上站起来喊道。

诗人平静地说："看来，这个同志是来作证的。"诗人用目光扫视了一下大厅，又说道："我真不知道，您到处在陪伴着我。"

一张条子上说："您说，有时应当把沾满尘土的传统和习惯从自己身上洗掉，那么您既然需要洗脸，这就是说，您也是肮脏的了。"

"那么您不洗脸，您就自以为是干净的吗？"诗人回答。

"马雅可夫斯基，您为什么手指上戴戒指？这对您很不合适。"

"照您说，我不该戴在手上，而应该戴在鼻子上喽！"

"马雅可夫斯基，您的诗不能使人沸腾，不能使人燃烧，不能感染人。"

"我的诗不是大海，不是火炉，不是鼠疫。"

马雅可夫斯基在与这些个别观众的交战中，既驳斥了对方无理取闹的言行，也有力地维护了自己的立场和尊严。

然而，有时反击这种不适当的言行，也不宜锋芒太露，旁敲侧击，指桑骂槐，反而更为有利。

有个叫比尔的人，常以愚弄他人而自得。一天早上，他坐在门口吃面包，看见杰克逊大爷骑着毛驴从远处哼呀哼呀地走了过来，于是他就喊道："喂，吃块面包吧！"

大爷出于礼貌，从驴背上跳下来说："谢谢您的好意。我已经吃过早饭了。"

比尔却一本正经地说："我没问你呀，我问的是毛驴。"说完，很得意地一笑。

对比尔这一无礼侮辱，杰克逊大爷十分气愤，却又无法责骂这个无赖。他抓住比尔"我和毛驴说话"的语言破绽，狠狠地进行了反击。

他猛然地转过身,"啪,啪"照准毛驴脸上就是两巴掌,骂道:"出门时我就问你城里有没有朋友,你斩钉截铁地说没有,没有朋友为什么人家会请你吃面包呢?"

"叭,叭"对准驴屁股又是两鞭,说:"看你以后还敢不敢乱说!"

骂完,翻身上驴,扬长而去。

大爷借教训毛驴来嘲弄无赖,使他有苦难说,无辫子可抓,幽默地反击了比尔的挑衅。

总之,对于故意寻衅的人和尖酸刻薄的语言,我们一定要学会恰当的反击,而不能一味地忍让和宽容,让小人得意。兼有软硬两手,才是人处世、自保并争取主动的真理。

2. 放大荒谬是反驳的妙招

面对别人不适当的言行,有时候不宜直接回击,而将正话反说,委婉地点拨对方,则既能够巧妙地表明自己的态度,又能避免伤害对方,造成过分尴尬的局面。

楚庄王的一匹爱马死了,他非常伤心,下令以上等棺木,行大夫礼节厚葬。文臣武将纷纷劝阻也无济于事,最后楚庄王还下决心说:"谁敢再劝阻,一定要杀死他。"

很明显,不论怎样改头换面,只要一说"不",必是自取其辱。优孟知道了,直入宫门,仰天大哭,倒把庄王弄得异常纳闷,迫不及待地问是怎么回事。优孟说:"那马是大王最喜欢的,却要以大夫的礼节安葬它,太寒酸了,请用君王的礼节吧!"庄王越发想知道理由了,优孟继续说:"请以美玉雕成棺……让各国使节共同举哀,以最高的礼仪祭祀它。让各国诸侯听到后,都知道大王以人为贱而以马为贵啊。"至此庄王恍然大悟,赶紧请教优孟如何弥补自己的过失。终于将马付于庖厨，烹而食之。

优孟如果直陈利弊，凛然赴义，固然令人肃然起敬，但最终的结果却实在可以令人想象，而他正话反说，却能巧妙地达到自己的目的。

反语是语言艺术中的迂回术。正话反说，以彻底的委婉，欲擒故纵，取得合适的说话角度，达到比直言陈说更为有效的说服效果。

齐国有一个人得罪了齐景公，齐景公大怒，命人将这个胆大包天的人绑在了殿下，要召集左右武士来肢解这个人。为了防止别人干预他这次杀人举动，他甚至下令："有敢于劝谏者，也定斩不误。"文武百官见国王发了这么大的火，没人敢上前自讨杀头。晏子见武士们要对那人杀头肢解，急忙上前说："让我先试第一刀。"众人都觉得十分奇怪：晏相国今天怎么啦？只见晏子左手抓着那个人的头，右手磨着刀，突然仰面向坐在一旁的齐景公问道："古代贤明的君主要肢解人，你知道是从哪里开始下刀吗？"齐景公赶忙离开坐席，一边摇手一边说："别动手，别动手，把这人放了吧，过错在寡人。"那个人早已吓得半死，等他从惊悸中恢复过来，真不敢相信头还在自己身上，连忙向晏子磕了三个大响头，死里逃生般地走了。

晏子在齐景公身边，经常通过这种正话反说的方法，迫使齐景公改变一些荒谬的决定。比如，一个马夫有一次杀掉了齐景公曾经骑过的老马。原来是那匹马生了病，久治不愈，马夫害怕它把疾病传染给马群，就把这匹马给宰杀了。齐景公知道后，心疼死了，就斥责那个马夫，一气之下竟亲自操戈要杀死这个马夫。马夫没想到国君为了一匹老病马竟会要杀了自己，早已吓得面如土色。晏子在一旁看见了，急忙抓住齐景公手中的戈，对景公说："你这样急着杀死他，使他连自己的罪过都不知道就死了。我请求历数他的罪过，然后再杀也不迟。"齐景公说："好吧，我就让你处置这个混蛋。"

晏子举着戈走近马夫，对他说："你为我们的国君养马，却把马给杀掉了，此罪当死。你使我们的国君因为马被杀而不得不杀掉养马的人,此罪又当死。你使我们的国君因为马被杀而杀掉了养马人的事,传遍四邻诸侯,使得人人皆知我们的国君爱马不爱人,得一不仁不义之名,此罪又当死。鉴于此,非杀了你不可。"晏子还要再说什么,齐景公连忙说:"夫子放了他吧,免得让我落个不仁的恶名,让天下人笑话。"就这样,那个马夫也被晏子巧妙地救了下来。

我们发现,正话反说可以放大荒谬,让人更为明白地看到荒谬的真面目,从而达到了更好的劝谏效果。

汉武帝刘彻的乳母曾经在宫外犯了罪,武帝知道后,想依法处置她。乳母想起了能言善辩的东方朔,请他搭救。东方朔对她说:"这不是唇舌之争,你如果想获得解救,就在将抓走你的时候,只是不断地回头注视武帝,但千万不要说一句话,这样做,也许有一线希望。"当传讯这位乳母时,这位乳母有意走到武帝面前,要向他辞行。只见乳母面带愁容地不停地看着汉武帝。于是,东方朔就对乳母说:"你也太痴了,皇帝现在已经长大了,哪里还会靠你的乳汁养活呢?"武帝听出东方朔是话中有话,面部顿时露出凄然难堪之色,当即赦免了乳母的罪过。

总之,说反话的效果源于它的"显微镜"作用,荒谬之上再加上更荒谬,则荒谬就无处躲藏,显而易见了。

3. 幽默能让对方的说法不攻自破

弗洛伊德说:"最幽默的人,是最能适应的人。"

人生常常有许多尴尬的时刻,在那一瞬间,我们的尊严被人有意或无意冒犯,或者被喜欢恶作剧者当众将了一军。此时,有的人感到自己丢尽了脸面,无地自容,恨不能把头扎进裤裆里去。可是有些人却不,他们会面不改色,从容自若地谈笑如故,将有伤自己脸面的难局一一化解。著名电影导演希区柯克有一次拍摄一部巨片,这部巨片的女主角是个大明星、大美人。可她对自己的形象"精益求精",不停地唠叨摄影机的角度问题。她一再对希区柯克说,务必从她"最好的一面"来拍摄:"你一定得考虑到我的恳求。"

"抱歉,我做不到!"希区柯克大声说。

"为什么?"

"因为我没法拍你最好的一面,你正把它压在了椅子上!"这就是幽默的力量。

面对别人苛刻的意见和要求,恰当地回敬对方一个幽默,能够巧妙地表明你的看法和立场,而且不至于让场面过分尴尬。同样,当别人故意找茬、妨碍你工作的时候,运用幽默的力量也能够有效地处理好眼前的问题。

幽默是一种智慧的表现和心态的放松,人投身于社会中,总会遭遇无数的痛苦、悲伤以及困苦,如果你善于运用幽默的力量,能够主动地去创造幽默,那么世界一定会充满了欢笑,也可能化解不少的纷争。面对别人的一些不适当的言行,处处针锋相对,只会让矛盾越积越深,而运用幽默的力量,则能够打破紧张的局面,使自己和对方各种各样不愉快的心情,顷刻间烟消云散。而且凭着你的幽默风格,你还可以同别人建立起一种良好的关系,受到别人的喜爱和支持,做起事来自然事半功倍。

4. 反驳要抓住对方的要害

俗话说,有理走遍天下。从道义上来说,这一命题当然能够成立。但是,在现实生活中,双方对垒,有时会出现一种荒谬——有理的被对手置于困境,竟会寸步难行。那对手,或者是掌权者,凭借权力,以势压人,使你欲辩不能;或者对方是无赖汉,刁钻泼皮,不讲道理,使你辩而不获。

面对这种情况，如果有理的一方不甘忍辱含垢，必欲力争抗辩，争出困境，那么在论辩时，所说的话全都要切中事理的要害或问题的关键，使对手理屈词穷，钳口莫辩，从而挽狂澜于既倒，变颓势为胜局。

有位哲学家常说："人的眼睛看到的都是幻觉，而不是真象。"可是当他在街上遇到惊马时，他却躲上了房顶。

人们想用他自身的行为来驳斥他自己的谬论。所以我们问他："你不是说人眼看到的都是幻觉吗？为什么还要躲上房去呢？"

发扬进攻精神，从他自身上找问题，这是对的，但是人们对他的狡诈性估计不足，没有注意到，在指出他躲上房去这一行为时，涉及我们自己的视觉。而按他的谬论，这视觉是幻觉。这就给了他可乘之机，让他得以自圆其说："你们看见我上房了吗？那是你们的幻觉。"

第一个回合没有驳倒他之后，我们要总结一下：进攻精神和找他自身的矛盾，这个方向是对的，要保持；但是不要涉及我们的视觉，而是要在他的视觉上找问题。另外，我们在以往的经验中可知，要注意对方话语中笼统概括一切的字眼，这往往是他的破绽之所在。他说："人的眼睛看到的都是幻觉。"这句话中"人"和"都"这二字都是这种字眼。"人"是指一切的人，就应包括这位哲学家在内。"都"是幻觉，那就是说从来没有看到过真象。想到这里，他的破绽就显示出来了。我们可以问他：

"你是人吗？"

"这是什么话？我当然是人！"

"那你看到过真象吗？"

"没有。"他只能这样回答。否则他就自己否定了自己的幻觉说。

这时我们就可以进一步问他："既然谁都没有看到过真象，那你何以知道我们看到的都是与真象不同的幻觉呢？"

这位哲学家就很难再自圆其说了。这种方法，可以叫作"以子之矛攻子之盾"，也就是说用他自己的话来攻击他，揭示出他话中自相矛盾的地方，从而驳倒他。

齐宣王是个骄横、喜欢虚荣的人，据《战国策》记载，有一次齐宣王召见颜蜀，便碰了一个硬钉子。

齐宣王坐在自己的宝座上，露出骄横之态呼道：

"蜀，走过来！"

颜蜀对此很不满。他也学着齐宣王那高贵的样子，竟然对齐宣王呼道：

"王，走过来！"

齐宣王气得发抖。

左右侍臣慌了，对他喝斥道："王是人君，你是人臣，王叫你过来，天经地义；你叫王走过来，难道可以吗？"

颜蜀不慌不忙地辩道："若论道理应该可以。我若走过去，是仰慕王的势利；而我呼王过来，则是让王表示趋奉贤士。我觉得与其叫我做仰慕势利之事，倒不如让王做趋奉贤士的好君王！"

齐宣王尽管心里明白，但面对颜蜀这等爱君爱国的高论也不好发作。一场险情就这样过去了。

由此可以得出抓住要害反驳对方的步骤：

首先，在貌似强大的对手面前，自己的态度要坚毅刚强，旗帜要鲜明，要抱定必胜的信心，始终不渝。

其次，用以揭露强敌的理由要充足有力，举证要确凿无误，不让对手有空子可钻。

再次，触机便发，言词犀利，字字句句都极富分量，极起作用。

最后，釜底抽薪，当头棒喝。要让对手感到，再不还以公道，待产生严重后果时，就悔之晚矣。

似此，哪怕是对付很有些强权的对手，也能稳操胜券。

不仅如此，反击的言论或举动还应比对方的高出一筹，这样，才能在两相对照之中，既保持主动地位，又能够打动对方，产生巨大的说服力或说服作用。

5. 把握语言反击的有效性

在冲突中，我们反击的目的是调节和改善自己所处的人际关系环境，是为解决矛盾而不是扩大矛盾。这是反击有效性的重要标志。良好的口才是战胜对手的一大法宝，但良枪在手，用不好也会走火，伤人害己。因此，利用语言进行反击，必须把握反击的有效性。

掌握语言反击的度是反击有效性的决定性因素。所谓度，就是界限性。根据不受气的第一大准则，利用语言反击时，应按照自己对环境的敏锐判断，明确自己的优势和劣势，准确把握该说什么、怎样说、说到什么程度。也就是说，应根据对语言出口后可能产生的后果的准确预测，确定自己的语言界限。否则，语言不准确或不到位，则会使自己陷入被动尴尬的境地。

掌握语言反击的度，首先应具有明确的针对性，不要扩大打击面。在反击时，要抓住主要矛盾，丁就是丁，卯就是卯，而不应四面树敌，把本来可以争取的中间力量甚至朋友统统都推到与自己对立的阵营中去，使自己陷于孤立、被动地位。笔者曾在公共汽车上遇到过这样一件事情。在北京乘坐公共汽车时，行李超过规定标准应额外买票已是众所周知，但外地人却未必了解这一规定。一位肩扛大包的外地人上车后，因购买行李票同乘务员争执起来。他似乎也挺有道理，责问乘务员道："我坐火车走了几千里都没因行李多交费，单就你这公共汽车就该多交费，啥子道理？"一句话一下子把乘务员已到了嘴边的话给噎了回去，不知如何反驳。过了半天，她似乎自言自语道："就这帮没素质的外地人把北京给搞乱了。"谁知，这趟从北京站开出的公共汽车上，乘客中三分之二是外地人。她这一句话如一石激起千层浪，乘客们纷纷质问乘务员："我们这些外地人难道都没买票？难道都不讲道理？这位老乡初来北京，是他不了解北京的规矩还是他故意蛮横无理？"这位乘务员依照规章制度认真履行工作职责本没有什么过错，开始时她完全受到大家支持，但她因反击时语言的度没有把握好，才使自己一步跨入了困境当中。这是我们在进行语言反击时应吸取的教训。所以，语言反击应三思而后行，话语出口之前先掂量，否则，话语出口如覆水难收，自己会更加受气。

其次，应控制打击的力度，不要一棍子把人打死、一句话把人噎死。在大多数情况下，反击时应为对方留一点余地，掌握打击的分寸。因为大多数人都爱面子，给对方留有余地，实质上是为缓和彼此间的冲突留下了回旋的空间，也为自己留了一步台阶。否则，你把他逼进了死胡同，他别无选择只能与你对垒。结果，双方剑拔弩张，到头来两败俱伤，还是没有改变你受气的境地。这并不是我们反击的目的。然而，在生活中许多人并不能深刻理解这一道理，似乎反击得越狠越好，实际上并非如此。所以说，语言反击是一门斗争艺术。

阿伟暗恋上了佳佳，但佳佳心有他属，并不为他所动。终于到了佳佳的生日了，阿伟决定在生日 party 上"火"一把。在摇曳的生日烛光里，阿伟动情地唱起了"爱，爱，爱不完……"佳佳感觉阿伟在大庭广众之中令自己很难堪，但她只淡淡笑了笑，以舒缓的语调说："看不出阿伟平时不声不响，原来歌喉如此优美。我们该为将来那位有幸拥有他深情歌声的小姐祝福。"一句话，似是赞美，又似表白，于无声处给了阿伟当头一棒。但不知情者不会有任何觉察。既给阿伟留足了面子，又使自己轻松战胜了对手。

以上这两个方面，可概括为一句话：只有把握语言反击的广度和深度，才能保证语言反击的力度，有效地达到反击的目的，使自己避免受气。

课后练习：怎样运用口才大胆反击别人

在现实生活中，受气的情形各种各样，因此在反击时一定要注意机动灵活，对症下药。根据不受气的四大准则，针对语言反击的特点，可归纳出六大技巧。

(1) 针锋相对，主动突围

有时候，我们会遇到一些得理不让人的人。你忍耐，给他留面子，他不会懂得，也不会领情，反而会变本加厉，得寸进尺。对这种人，只能采取"堵"的方法，进行积极反击。

有些人一看到"针锋相对"，就会想到双方指着鼻子对骂的那种类似于斗鸡的情形。其实，这是口才反击的下下策。他不仁，你也不义，在对骂中对方撕破了脸皮，你也不过半斤八两。这种方式实不可取。上上策应以"骤然临之而不惊，无故加之而不怒"的气概，抓住对方的逻辑错误，在心平气和中显示你的千钧之力，令对方无地自容。可见，语言反击的分量不在于个别具有杀伤力的词汇，更不在于浊词污语，关键在于运用逻辑推理，以理反击。

以牙还牙，是一种常用的反击形式。即运用与对方平行的逻辑推理，达到否定对方的目的。使自己摆脱受气境地的一种形式，带有明显的"斗"的意味，主要反映人的勇气和机智。

辜鸿铭在留学英国时，生活的孤独压迫着他，常有独在异乡为异客的思乡情感。每逢传统的中国节日，他总要按照古老的中国习俗，设下供桌，摆上丰盛的酒菜，遥祭祖先，寄托自己的思乡思国之情。有一次，房东太太看到辜鸿铭跪在桌前，叩头如仪，不无蔑视地问："喂，小伙子，你这样认真地叩头，你的祖先会到这里来享用这些酒菜么？"辜鸿铭的心大受刺激，一股怒气冒将上来，自尊心使他的刻薄和幽默同时爆发，他彬彬有礼地答道："想来，你们到处给你们祖先奉上鲜花，你的祖先该嗅到了鲜花的芳香了吧！"在平静之中显示着浓烈的火药味，你打了我的左脸，我也不会饶过你的右脸，但话语中分明包含着这样的意思：这是不同民族的不同习俗。如果我的方式错了，你的也不会是正确的。

以谬治谬，让对方扇自己一记耳光。这是一种语言反击的高明方法。其高明之处就在于，抓住对方话语中的漏洞，利用他的逻辑，推导出令其自我否定的结论。此之谓以子之矛，攻子之盾。

在生活中，常常会遇到蛮不讲理的人。面对他荒谬的逻辑，你根本无理可讲。遇到这种情况，许多人往往一怒之下，大骂其无赖。而对方则会铿锵有力地讲出串串歪理，令你无言以对。在这种情况下，应冷静地分析其理论的荒谬之处，将错就错地展开推理。这种方法之所以能在对话中取得明显的效果和成功，首先在于对话者能抓住对方谈吐中的语言错漏或荒谬之处，接着巧妙地运用类比推理的方式设喻、设例，去迎击对方，让对方哑口无言。如我国老掉牙的民间故事"公鸡下蛋"与"男人生儿"的巧对就是以谬治谬的一个典型例子。

有位县太爷想刁难一位憨厚的农夫。他诬陷农夫伙同乡里百姓借口天旱年成歉收，抗拒缴纳租税，定农夫抗交皇粮的罪名。农夫被毒打一顿之后，县太爷限他三天之内交出两个"公鸡蛋"，否则就被处以死刑。农夫不知所措，但其妻聪明机智。三天后，农夫的妻子代丈夫来到公堂回话。县太爷劈头怒喝："你家丈夫为何不亲自来面见？这分明是目无本官！"农夫的妻子平静地答道："回县太爷的话，我家丈夫不敢抗拒县太爷之命。只是他正在家中生孩子，实在脱不开身，才叫民妇代其前来的。"县太爷此时早已忘了自己要"公鸡蛋"的荒唐逻辑，怒喝道："什么？你家男人也会生孩子？真是天大的笑话！大胆贱妇，竟敢愚弄本官！来人呀，给我打！"农妇听罢却胸脯一挺，面无惧色，勇敢地说道："且慢！大人，既然男人生孩子是天大的笑话，那公鸡生蛋不也是天大的笑话吗？县太爷要贱民交出公鸡蛋，岂不也是在愚弄百姓吗？"荒唐苛刻的县太爷被驳得哑口无言。

可见，以谬治谬的关键是抓住对方的荒谬、错漏之处，以其自身的逻辑使对方陷入进退不得的两难境地，以其人之道还治其人之身。这种语言反击方式的有效性在于一语击中要害，反击有力，让对方既无招架之功，又无还嘴之力，从而使自己避免受气。

在生活中，有时由于场合、身份等条件的限制，以谬治谬的反击不能像这位农妇这样简捷，针锋相对在语言交流中不这么直接，而是要顺水推舟，顺藤摸瓜，经过有目的、有计划地层层诱导，才能使对方在不知不觉中入彀，使对方自己否定自己的观点。但无论是直截了当的反击，还是诱导对方自己否定自己，都要抓住对方的要害，步步进逼，语出有力，以理服人。

以谬治谬，以其人之道还治其人之身，应遵循我们的第一大定律：按照事物本身的游戏规则进行反击。任何事物都有其自身的逻辑，高明的反击者不会无理取闹或情绪用事，而是将对方的逻辑为我所用。这样，既遵从了事物自身的特定游戏规则，又有条有理地达到了反击的目的，使对方心怒却不能言。这正是语言反击的效力所在。针锋相对地进行积极反击，应注意言辞力度，做到掷地有声，该出手时则出手，不可词软语绵，啰嗦半天不得要领。

（2）以妙语暗示自己的实力

根据不受气的第二大准则，实力是一个人借以树立自己不好惹的形象，以防受气的关键。有时候，实力明明白白地摆在明处，别人自然不敢造次。但有些时候，实力在暗处，不为人注意，易被施气。在现代社交中，人们更多的是追求文明，语言反击不宜激烈，更不可满口粗话，动不动来上一句"你爷爷也不是吃素的"。既要做到让对方明白自己看错了人，又要点到为止，能使对方保留面子，能恰到好处地防止自己受气，又能避免事态进一步扩大和恶化。这就需要把话说到妙处，于不动声色中显示自己的实力，以此压倒对方。

绵里藏针，是暗示自己实力的一种有效方法。其特点是含而不露。在反击中，语调平和，言辞委婉得体，既予对方以尊重，不伤害对方的情感和体面，又巧妙地暗示自己也不是好惹的。一般情况下，对方会知趣地就此打住，顺着你留的台阶下去，彼此相安无事。

有位经理，本性好色。一日，见一位公关小姐姿色美艳，便一味令人肉麻地恭维道："小姐，你是我遇见过的最漂亮的女孩子。真是令人神魂颠倒，永远也忘不了！今晚下班后我请客，不知小姐可否赏光？"公关小姐虽然厌烦至极，但职业的本能使她必须有所克制。于是，她彬彬有礼地答道："这位先生，非常抱歉。下班后我必须去武校同一位真正永远也忘不了我的人约会。""你是说你的男朋友？在武校？"经理半信半疑地问。"是的。我们是武校时的同学。"这下可令这位经理目瞪口呆了。他怎么也想不到面前这位身材匀称的姑娘身怀武功，这就已够他应付的了，更何况还有一位武校的男朋友。公关小姐见状，意味深长地笑起来："他可是个醋坛子。这事我可不敢含糊。"连她都不敢含糊，这位武功门外汉又哪能惹得起？这位心存非份之想的经理只得干笑着退开了。这位小姐没有横眉冷对，也没有出言不逊，而是于淡淡的话语中暗示了自己的实力，使原本轻视她的经理顿时望而生畏。

这种绵里藏针的反击方法，柔中见刚，以柔克刚。既巧妙地使自己摆脱受气的境地，又无损于对方的体面，以自己良好的修养显示了内在的威慑力。但运用此种方法时必须态度鲜明，不要吞吞吐吐，黏黏糊糊，拐弯抹角，以致辞不达意，给对方造成半推半就的误会。

（3）巧用幽默

幽默可以使人在受气时，以轻松诙谐的方式，理智地回击对方。人们在受气时往往头脑发热失去冷静，反击方式往往也是硬邦邦的出言不逊，结果使僵局更僵。幽默则可以使人在处境困难时放松自己，以巧妙的语言体面地给对方以反击，收到既缓和气氛又恰如其分地反击的双重效果。

调皮式的幽默，往往化干戈为玉帛，使事态向良好的方向发展。这种反击方式，不是针锋相对，剑拔弩张，而是轻松谐趣，话语中透着善良、真诚和理解。言语心传，双方会意，在哈哈一笑中皆大欢喜。反击变成了逗笑，唇枪舌剑之争就巧妙躲过。因此，幽默是一种与人为善的积极反击方式。

冬季的北京寒气袭人，各家商店门口都挂着厚重的棉帘子。由于进出者一里一外，相互看不见，如果两人同时掀棉帘子，相撞之事自然在所难免。一天，一位小伙子正掀棉帘子准备进去，恰好里面一位小姐也在掀棉帘子准备出来，同时迈出了脚。姑娘一脚踩在小伙子鞋上，冷不防打了个趔趄，不禁哎哟一声惊叫。小伙子忙伸手扶住并说了一声对不起，让开了道，让小姐先出来。小姐出门后，看了小伙子一眼，说："你是怎么走路的？"咄咄逼人的责问令小伙子一时语塞。在门口踩脚本来双方都有责任，自己已友好地道歉了，姑娘还不放过，小伙子也有些急了。但他转念一想，人家是斯斯文文的小姐，踩了小伙子的脚已有些不好意思，何况又在众目睽睽中被他扶住，更是不好意思。只是姑娘因自己的失态心中恼火，便不经意地把气撒到了这位"肇事者"身上。如此一想，顿时怒气全消，笑着说道："对不起，我是用脚走路的，刚才吓着您了。"小姐一愣，随即扑哧一笑："你这个人说话真逗，这不能怪你，主要是我没看见，脚也伸得快了一点儿，对不起踩了你。"小伙子对姑娘的反击，完全是友好的。人用脚走路是正常的，怎么会吓着别人？小伙子以自己的幽默，巧妙地告诉小姐，是我的脚害了你，暗示自己对她的理解和尊重。姑娘由责问到道歉，一场口舌之争得以避免，全靠了小伙子善意的幽默。

先承后转，在自我打趣中暗藏机锋，令对方猝不及防。这种方法往往用于一些不适宜顶撞的场合或人。有时候，我们会置身于一种这样的尴尬境地：对方有意或无意地伤害了你，但对方是一位领导，你虽然受了气面子上还得过得去。或者，碍于你的身份、地位，不宜直截了当地予以驳斥，但心中的确又非常不满。这时，不妨先以漫不经心、自我解嘲的口吻说几句顺着对方思路的话。最后话锋一转，得出一个令对方大出意外的结论。既活跃了气氛，又缓解了尴尬气氛。这种方式，一波三折，很有攻击力量，让对方措手不及，又不失自己或对方的面子。对方最后只能干笑两声了之。

萧伯纳的著名剧作《武器与人》初次演出，大获成功。应观众的热烈要求，萧伯纳来到台前谢幕。此时，却从座位里冒出一声高喊："糟透了！"整个剧场立刻鸦雀无声，空气似乎凝固了一般。面对这种无礼的行为和紧张的局面，萧伯纳微笑着对那人鞠了一躬，彬彬有礼地说道："我的朋友，我同意你的意见。"他耸了耸肩，看了看刚才正热烈喝彩的其他观众说："但是，我们俩反对那么多观众又有什么用呢？"顿时，观众中爆发出了更为热烈的掌声和喝彩声。在这种情况下，对对方无礼的行为予以必要的回击，既是维护自己尊严的需要，也是讽刺对方、批判错误的正当行为。但怒气冲冲地回击和辩论都不可取，最理想的方法是幽默地回敬。萧伯纳的话语温文尔雅，表面看来似乎是对对方表示理解，细细体味一下，则是一种强有力的反击。

总之，幽默作为化解自己受气局面的积极反击方式，其根本特征就是具有准确的行为界限。它的有效性就在于能够根据周围环境，预测自己的行为后果，据此确定自己反击的方式和反击的分寸，使之有礼、有节。

（4）弹出弦外之音，让对方领悟到自己的潜台词

这是一种比幽默更微妙的反击方式。反击者好像并不是针对对方的言行，而是在谈与之全然无关的另一件事情。但若仔细分析一下，就会明白这两件事具有很大的相似性。说话者在用类比的方式，委婉地向对方传达自己的观点，巧妙地否定对方的看法。在这种情况下，双方的指向彼此都心照不宣，言者有意，听者亦有心。这种反击方式委婉、得体，潜台词不言而喻。

运用这种方法反击,说话前必须经过周密的考虑,确定严格的行为界限。说话时目的明确,看似东拉西扯,实则胸中有丘壑。此外,要注意事件的相似性,以此启发对方。切忌漫无边际或毫无联系地夸夸其谈。

(5)转移话题,顾左右而言他

在交往中,有时对方的话语或问题会使人处在一种进退维谷的尴尬境地。要使自己从这种紧张、尴尬的氛围中解脱出来,可以对所提问题避而不答,选择与当前话题无关的问题,把对方的注意力引向别的方向。

转移话题本是一件挺容易的事情,把话头给引开不就完事大吉了吗?但要真正做到不露斧凿之痕,自然过渡到别的话题上去也并非易事,这需要机动灵活的应变技巧。否则,则会给人造成"装聋作哑"的不良印象。

一天早晨,上班的人们陆续来到了办公室。大家进门一看,不禁愣住了:老张的桌子上,东西横七竖八地乱堆着,两个抽屉被撬开了,1000元现金不知去向。正当大家议论纷纷之际,办公室的"活宝"小王来了。他装模作样地把办公室和每个人的脸打量一番,煞有介事地盯着老张说:"这贼也真行!这么多办公桌不撬,单撬有钱的你这桌子,肯定是对咱办公室的情况十分熟悉的人干的。老张啊,你儿子大学没考上,隔三差五地往咱这里跑,你们父子俩是不是里外串通,使咱这1000元公款不翼而飞?"小王平日里和老张开玩笑开得惯了,这大伙都清楚。但在这样的场合,大家还是不约而同地把目光投向老张。丢了公款,老张本来就心中窝火,听了这不知轻重的玩笑,更火冒三丈。但他马上镇静下来,不慌不忙地说:"按道理说这种可能性也存在。不过我儿子上星期就到上海他姥姥家去了,咱们昨天又在郊区宾馆玩了个通宵。这次应该说我们父子俩没得到机会。现在咱们还是协助公安部门调查一下经常到我们办公室来、对情况非常了解的人吧。"紧张的气氛一下子活跃起来，大家又开始讨论谁最具有作案的可能。

老张把话题转移得自然、流畅，让人看不到任何硬扭的痕迹。人们只听到其"言他"，而没注意到他是如何"顾左右"，巧妙地把话题引开的。

（6）此时无声胜有声，适当的沉默也奏效

沉默是一种特殊的语言，具有其独特的使用价值，在社交活动中，在某些情况下，恰到好处的沉默比口若悬河更有效。这就是人们常说的"雄辩是银，沉默是金"。只要我们因时因地适当把握、运用它，沉默也能成为一种有效的表达方式，其效果有时甚至会超过直言抢白，具有特殊的威力。

适度的沉默是一种积极的忍让，旨在息事宁人。在人际交往中，各人的生活阅历、学识水平、社会地位各异，观察问题的角度和思维方式不同，见解必然迥异。然而，在一些无关紧要的问题上的细小分歧，三缄其口，洗耳恭听，颔首微笑也是一种有效的处理方法。否则，各执己见僵持不下，互不相让，只能令双方都不愉快。此时，若采取积极忍让的态度，保持适度的沉默，撤出争论，表现出自己的宽广胸怀，则有利于促使对方冷静下来，缓和、化解矛盾，避免事态激化。有效地使自己避免、摆脱受气的境地，在对付一个特别矫情的对手来说更应如此。

老王和小张是处里的正副职。老王为人稳重，小张年轻气盛，好胜心强，常常为处里的一些鸡毛蒜皮的小事同老王较劲。两位领导若在办公室里当着下属的面争论不休，甚至大吵大嚷，既伤了彼此间的同事情分，又在下属面前丢了面子，显然不妥当。老王对此采取了一种偃旗息鼓、洗耳恭听的策略，不与小张对垒。当两人之间发生分歧时，老王先说明情况表明态度，转而保持沉默。任凭小张言辞多激烈，也不与他强辩，不反击。小张肝火再旺，见此情景，也不好意思再强辩下去，渐渐冷静下来，进而心平气和地发表意见，甚至还做些自我批评。因此，两人虽性格截然相反，但工作配合得很默契，关系也算融洽。老王的沉默是理智的，其动机在于顾全大局，吃亏让人，避免无谓的争论。

轻蔑性沉默是对付无理挑衅的有效的反击武器。当对方出于不良动机，对你进行恶意攻击、造谣诽谤或无理取闹时，如果你予以驳斥反击，可是又同他无理可讲，反会使周围的人难以分清是非，有损于你自己的形象和声誉。这时，你无需争辩，只需以不屑一顾的神情，嗤之以鼻。这种轻蔑性沉默会比语言驳斥更有效。

小朱和小吴是同班同学，学习都很出色。但小朱为人热情，性格活泼，关心班集体，因此在同学中有很高的威信，在班上第一个入党。小吴却只关心自己的学习，对同学和集体利益则漠不关心。但他认识不到自己的问题，反而公开对小朱造谣中伤，在公开场合含沙射影地说："哼，啥叫入党！还不是靠送礼、请客、拉关系！这样的党员，是败家子！谁稀罕？"小朱明知他是在无事生非地找茬骂自己，不免怒火顿起，但和这样胡搅蛮缠的人争吵，又会有什么结果？还不是自己白白挨骂！不知情者说不定还会对他的话信以为真。于是，他强压怒气，对小吴轻蔑地冷笑一声，瞟了他一眼，转身而去。小朱的轻蔑性沉默，在当时这种情况下，比语言批驳显得更有力、得体，更能使周围的人洞察其中原委。

当然，沉默的方式和内涵多种多样，但总的来看，在日常交际中，最常用的主要是这两种。在受气时，要做到沉默不语，积极忍让，并非易事。这首先需要宽广的胸怀和准确把握自己行为界限的能力。正如培根所言："假如一个人具有深刻的洞察力，随时能够判断什么事应当公开做，什么事应当秘密做，什么事应当若明若暗地做，而且深刻地了解了这一切的分寸和界限——那么这种人我们认为他是掌握了沉默的智慧的。"

第二课

用口才须学口才　勤练习才有提高

> 一个人能说会道、口才好,不能否认有先天的因素,但这不应该是一个决定性的因素,后天的努力对口才更加重要。在人际交往愈加密切的今天,口才的用武之地越来越广阔,只要你找到提高口才水平的门径并勤加练习,就一定能拥有可以帮你建功立业的"三寸不烂之舌"。

一、如何让自己更加能言善辩

1. 在遣词造句上下工夫

词语是人说话的基本元素，我们从小学时起就要学习用词造句，现实生活中无时无刻不在用词造句。一个人词汇量丰富并善于运用，自然可以使自己的表达更加顺畅和有效。人们成年后往往忽视遣词造句方面的学习，就是因为看不到说话对一个人是何等重要。认为用词、造句都是学生们考试用的小把戏，从而造成这样一种现象：一方面努力想改变事情的结果，有的甚至也了解说话对于改变结果的意义，另一方面又不愿下工夫解决自己词汇贫乏的问题。

用对了字眼不仅能打动人心，同时更能带出行动，而行动的结果便是展现出另一种人生。马克·吐温说："恰当地用字极具威力，每当我们用对了字眼……我们的精神和肉体都会有很大的转变。"

历史上许多伟大人物就是因为善于运用字眼的力量，大大地激励了当时的人们。当帕特里克·亨利站在十三州代表之前慷慨激昂地说道："我不知道其他的人要怎么做，但就我而言，不自由毋宁死。"这句话激发了几代美国人的决心，发誓推翻长久以来压在他们头上的苛政，结果造成燎原之火，美利坚合众国于此诞生。

美国一位伟人演讲道："当我们今天得以享受到充分的自由时，不要忘了独立宣言，虽然那没有几句话，却是二百多年来所给予我们每个人的保障。同样地，当我们这些年致力于种族平等时，不要忘了那也是因为某些字眼的组合而激发出来的行动所致，请问谁能忘记美国马丁·

路德金博士打动人心的那一次演讲。他说道：'我有一个梦，期望有一天这个国家能真的站立起来，信守它立国的原则和精神……'"

当然，话语的影响力并不只限于美国。第二次世界大战期间，英国正处于风雨飘摇之际，有一个人的话激起了英国全民抵抗纳粹的决心，结果他们以无比的勇气挺过了最艰苦的时刻，打破了希特勒部队所向无敌的神话，这个人就是丘吉尔。

许多人都知道人类的历史就是由那些具有威力的话所写成的，然而却鲜有人知道那些伟人所拥有的语言力量也能够在我们的身上找到。这能改变我们的情绪、振奋意志，乃至于有胆量敢于面对一切的挑战，使人生丰富多彩。

我们在跟别人说话时用词常常十分谨慎，然而却不留意自己习惯用的字眼，殊不知我们所用的字眼会深深影响我们的情绪，也会影响我们的感受。因此，如果我们不能好好掌握怎样用词，如果我们随着以往的习惯继续不加选择地用词，很可能就会扭曲事实。譬如说，当你要形容一件很了不起的成就时，用的字眼是"不错的成就"，那对你的情绪就很难造成兴奋的感觉，这全是因为你用了具有局限性的字眼所致。一个人若是只拥有有限的词汇，那么他就只能体验有限的情绪。反之，若是他拥有丰富的词汇，那就有如手中握着一个可以调出多种颜色的调色盘，可以尽情来挥洒你的人生经验，不仅为别人，更可以为自己。

2. 形象生动的语言最有说服力

形象生动的语言把无形变成有形，把概括变成具体，把枯燥变成生动，大大吸引了听众的注意力。形象化的语言让听众的视觉、听觉、嗅觉、味觉都一起参加接收活动，大大增强了语言的感染力。此外，它也是构成其他语言风格的基本手段。

语言形象生动须做到如下几点：

（1）选用有色彩、有形象的语词。色彩词和形象词可将听觉形象转化为视觉形象，而视觉形象留给人的印象往往比听觉形象留下的印象更深刻。

（2）运用各种修辞手法，如比喻、拟人、夸张等。这些修辞手法可以用浅显通俗的事物或道理来说明比较复杂、抽象的事物或深奥难懂的道理。

（3）要注意寓理于事，将深刻的道理寓于具体事实之中。那种干巴巴的说教，往往使听者乏味。要善于运用生动典型的事例阐明事理，增强语言的魅力。

李准曾自负地说："没有几下绝招，难得当个作家！我的看家本事是：三句话叫人落泪，三分钟过戏，把读者的心放在我手心里揉，叫他噙着眼泪还得笑！"

时逢"常香玉舞台生涯五十周年庆祝会"，文艺界名流齐来祝贺。专好插科打诨的电影导演谢添一把拉住李准说："李准，我想当众试试你！你说三句话，能让常香玉哭一场，我才服你！"

李准皱皱眉，看看众人，摊摊手为难地对常香玉说："香玉，你看看老谢！今天是你大喜的日子，他偏偏让你哭，这不是难为人吗？"

常香玉说："你今天能让我哭，算你真有本事！"

谢添说："或者签字认输也行！"

李准依旧为难地说："香玉，咱们能有今天，多不容易啊，论起来，你还是我的救命恩人哩！我十来岁那年，眼看逃荒的难民群到了西安，眼看人们都要饿死了，忽然有人喊：大唱家常香玉放饭了，河南人都去吃吧！哗——人们一下子都涌去了！我捧着粥，泪往心里流。想，日后见了这个救命恩人，我给她叩个头！哪想到'文化大革命'中，你被押在大卡车上游街，让你'坐飞机'！我站在一边，心里又在流泪，我真想喊一句，让我替替她吧，她是俺的救命恩人哪——"

"老李！你……别说了！"

常香玉猛然打断李准的话，捂住脸，转过身，满脸泪水滚下来，把手绢都打湿了。

大厅里没有一点声息。众人望着李准，沉浸在他讲的故事里，忘记了这里在打赌，连谢添也轻轻吸了一下鼻子……李准能说哭常香玉，靠的除了真挚的感情，再就是形象生动的语言描述功底。有了这样的说话本事，自然更容易让别人接受你。

3. 让自己的声音更有魅力

声音是一个人的个性特征之一，电话中我们往往能从对方的第一句话就能判断出他是谁，同样，声音对语言有着强大的辅助作用。比如，同样的话面对一位年轻女性去说，一个清晰、带有磁性的男中音比一个公鸭嗓或是尖利的高音其效果会大有不同。

对一个正常人来讲，其发音有 12～20 个音阶。当然，那些职业演员和歌唱家要更高一些，有的可达到 36 个音阶。但不幸的是，有些人的声音可能只有 5 个音阶，他们发出来的声音让人听起来就像一根弦在拨动，十分单调，令听者感到头脑发胀。由此可见，一个人发出的声音是否能吸引住你谈话的对象，这对你的交往是否成功非常关键，在商务交往中更是如此。当你与他人讲话时，你所发出的每一个声音应首先给他人留下良好的印象，力求让人更好地了解你，更加充分地展示自己的征服力。

苏珊是一家广告公司的资深业务经理，她最关心和留意客户的销售问题，并总是乐于帮助他人解决难题，但她的声音却让人听来讨厌，她那尖利的声音就像一个小女孩发出的叫声。她的老板私下说，我很想提升她，但她的声音又尖又孩子气，让人感到她说的话缺乏诚意。我不得不找一个声音听来成熟、果断的人来担任此职。显然，苏珊就是因为自己说话的音调不合适而失去了提升的机会。

事实上，一个人的声音不是一成不变的，通过一些技巧训练，可以克服平时的一些怪癖和不良习惯，从而改善说话时的语调、发音、音量、节奏、速度等：（1）为了更加准确地了解自己的声音，你可以将录音机放在电话旁边，听听你每天打电话时的声音。（2）请家人或朋友对你的声音做出一个真实的评述。（3）将你在停顿或静默时反复使用的语气词记下来，在今后的谈话中尽量避免使用。（4）进行发音训练。你可以在图书馆找到一些有关的书籍，针对自己的特点进行训练。或者找一些语言磁带和录像带进行训练。（5）进修一门公共言谈或演讲的课程。

总之，让我们变得更加成功的许多优异的东西不是与生俱来的，而是需要后来通过自身改变原有的东西。声音就是这样，你试着改变一下，也许你会看到一个意想不到的结果。

4. 说话快慢要适中

一家大报的广告部经理给一位语言培训专家打来电话，请他给其手下的一位员工保留一份工作，并向这位专家抱怨道："她已40多岁，并担任我的秘书15年之久，我很喜欢她的工作，可是她说话的速度快得令我紧张不安、无法跟上。对她的语速问题几年前我不会像现在如此在意，可是随着工作压力与负担的加重，她的声音对我的刺激也愈来愈大。我并不想辞退她，可是要是她说话不放慢速度，我只好让她离开，以保持自己神志清醒。"

事实上，说话速度的快慢确实可以通过练习来调适，声音的调适具有双重因素，如果你说话的速度太快，下列几点可以使你减慢速度，反之亦然：

（1）从 1 数到 10，第一次 5 秒钟说完，第二次 10 秒，第三次 20 秒。

（2）经常练习高声朗诵报纸上的文章，先用铅笔将你认为要连贯的字词做个记号，朗读时，同时移动铅笔，引导你的声音。要是你觉得自己平常说话的速度太慢，就加快一些；要是太快，就放慢些。

（3）以录音机录音，然后倒回重放，检查自己的速度，是否流畅？是否跳跃停顿？

（4）录下一些好的新闻报道，试着模仿播音员的播音。

有时，我们还可以发现，即使是同一个国家的人，他们讲同一语言，不同地域的人说话的速度也不一样，某一速度对南方人十分恰当，但到了北方，就显得太快了。

有一位推销员，他发现自己经常无法把要说的话在限定的时间内说完。他也许行驶了 100 里的路程赶到一位顾客家中，后来却只有 15 分钟介绍自己的产品。他发现自己最大的困难之一是如何组织自己应该说出的话。后来，他请教于一位语言专家，专家听了他的情况之后，建议他从学会调整自己的速度开始。在他开始练习调整声速之前，一般人只需要 10 分钟便可轻易讨论完的问题，他却要花 15 分钟。通过训练，他可以在 10 分钟内有效地讨论别人要费 20 分钟才能讨论完的问题，他可以随意地加快或减慢速度。

一旦你控制住了自己的语言，它就会乖乖地听你驾驭了。你可以放慢自己的速度，以满足听众的需要；你可以根据一天的工作安排、听众的类别、当时的气氛等因素来调整自己说话的声音、说话的速度，以应付不同情景的需要。

5. 善于用非语言来表达

自从孩提时代起,我们在学会说话的同时,就开始懂得如何去"读"懂他人的意思。如,当我们做错了某一事情而看到父母满脸怒色时,我们会赶紧避而远之。而当我们成年以后,我们需要的是人类的相互作用,通过一些错综复杂的词语和手势,我们就能明白他人所示之意。为了说服、劝说他人,为了与人交流,仅仅靠我们所用的语言还远远不够。我们还必须借助于自己的面部表情、手势、肢体运动,以增强我们的口头表达效果。有时,我们会将这些东西与语言结合起来使用。在我们说话时,可能会伴随着点头、皱眉、耸肩或竖起大拇指。我们遭遇困境时会迫使自己保持冷静,我们有时会表现出自己的激情与幽默。当我们极度紧张、害怕或充满爱慕之情时,我们想尽力掩盖自己的感情,但事实上,我们无法控制的身体语言却将我们的内心表露无遗。

专家研究表明,视觉的影响不可低估和忽视。他们的调查显示:无论是两个私下谈话的人,还是一个在大庭广众之下的演讲者,有50%以上的信息是通过说话者的个人形象传递出来的,只有40%是经由性格和声色等来传递。他们调查的一个很有意思的结果是,与声音有关的因素比语言本身要更为重要,只有不足10%是受说话语言本身的影响。还有些研究的结果更为惊人:在两个人的对话中,表达意思的方式中,语言与非语言的比率为35:65。正如面部表情可以向他人告知你的喜怒哀乐一样,如果你试图以一种单调乏味的声音说出自己要表达的内容,并且毫无面部表情,那听者一定会感到厌烦,而且你所传递的信息可能不会让他人真正理解。专家们做过一次实验,当我们以一种与实际信息相反的非语言方式发出信息时,非语言表达的效果是语言效果的5倍。如果以敌意的方式给出一种友好的信息,那么让对方留有印象和保持记忆的不会是你所说的内容，而是你的表情。因此，当我们要表达出一种十分准确的信息，而又担心会以一种不当的方式令人产生误解时，一定要对自己的表情和神态格外注意。

当我们皱眉、做怪相、微笑、目光呆滞时，都会给他人传递一种相关的信息，我们的身体语言，如耸肩、挥手、跺脚等对我们的语言谈话都有着极大的影响。

课后练习：怎样才能提高自己的"语商"

所谓语商，也就是指一个人的语言表达能力。一个人说话颠三倒四或辞不达意是"语商"低下的表现，但还不至于造成大的危害，其另一种表现是总在不恰当的场合说出不恰当的话，就会对其个人以及他所做的事造成很坏的后果。

有一位专家型的部门经理，从他的业务能力来看可以干更大的事，但当他在评价和安排员工的工作时，却经常让人不知所云。他要么说一些无关紧要的事情，要么喋喋不休，因此失去了晋升机会。还有一类人是对自己所干的事和所说的话不敢承担责任，因而失去了上司和员工的信任。

还有一家制造公司的部门经理，当他把事情弄糟以后，老板批评道："这到底怎么回事？你把事情全弄糟了。"这位中层经理听了老板的批评后非常生气，立即辩解道："一定是手下的员工误解了我的意图和要求，他们应该对这一后果承担主要责任。如果您对这一结果不大满意，也不应追究到我的头上。"这一回答显然让他的上司难以容忍。他的老板说道："你承受不了责备，也不能保持冷静。不管是谁的错，你都应该去努力解决问题，但你的回答中丝毫看不出这一点。"因此这位经理后来被免除了职务。

显然这些人都是因为自己语商较低，在试图证明自己具有很强的思考、评价和解释能力时，自断前程。他们给自己的上司、下属、合作伙伴和同事都留下了不好的印象。

在谈话中显示自己成功的自信，这并不是什么不好的行为，而且你也必须如此。但良好的言辞智商同自吹自擂有很大区别，关键在于你是否能以恰当的方式和技巧来表现。

当你表露自己的成功时，你所希望表达的信息不过是让他人知道你有多棒。但是你一定要注意：在传递这种信息时，必须坦率简洁。例如，如果你成功地为公司举办的一次新闻发布会写了一份报告，得到与会者的好评。你的喜悦与成功感也会溢于言表。这时，你大可不必说："瞧，我做了一件多么了不起的事情。"相反，当上司称赞你时，你倒应显得更加沉稳："这是公司分配给我的工作，也是我应该完成的。"

一个人的"语商"与他的情商有很大的关系，情商高的人大半能说会道，或者至少能把话说到点子上，说的话能让人感觉舒服。所以，"语商"的提高不是片面地学怎样说话，而是要从有意识地提高情商入手。

二、如何从细节处提高语言表达的水平

1. 怎样打开你的话匣子

当你遇见一个朋友或熟人的时候，不善于交谈，那实在是一个相当尴尬的局面。为了你的快乐与幸福，谈话的艺术，是不可不加以注意的。

（1）话题就在你身边

假如你在码头上碰见一个熟人，大家一起上船，一时没有话说，这

时最方便的办法，就是从当前的事物——双方都同时看到、听到或感到的事物中找出几件来谈。在码头上，在船上，耳目所及，正有林林总总的事物，如果你稍微留意，不难找出一些对方可能发生兴趣的话题，比如码头上面的巨幅广告、同船的外国游客啦，或者海上驶过的豪华游艇啦，也许是天空飞过的新型客机啦……甚至于在对方的身上，都可以找到谈话的题材。如果他的领带很漂亮，你可以问他在什么地方买的；如果他身上穿着"金利来"衬衫，你可以问他这种衬衫究竟好不好，和广告上的宣传是否相符；如果他手上拿着一份晚报，看到晚报上头条新闻，你可以问他对当前时局的看法。

如果你到了一个朋友家里，在客厅里看到他孩子的照片，你就可以和他谈谈他的孩子；如果他买了一架新的钢琴，你就可以和他谈谈钢琴；如果他的窗台上摆着一个盆景，你就可以跟他谈谈盆景；如果他正患着牙痛，你就可以跟他谈谈牙和牙医，关心对方的健康，往往是亲切交谈的话题。

凡是这一类眼前的事物，最容易引起人们的注意，只要其中有一样碰巧对方很有兴趣，那么，谈话就可以得到继续和深入的机会。

（2）利用自由联想

当交谈中断的时候，怎样寻找新的话题呢？

在这种时候，不要心急，也不要勉强去找，否则会引起不必要的紧张，反而什么也想不出来了。要知道，我们只要醒着，我们的脑子总是在活动着的。你没有要它想，它还是不停地想，由东想到西，或者由天想到地……这种作用，我们称为"自由联想"。

譬如说，当我们看到书桌上摆着一盏灯，我们的脑子就会从"电灯"出发，很快地联想到许多别的东西。

也许我们从"电灯"联想到"发明"，从"发明"联想到"电影"，然后是"演员"——"历史"。

这一切，都是在瞬间发生的，也许只是半分钟内的事。

如果我们继续探究就可以发现，因为我们看见一个电灯，就联想到它是爱迪生发明的，又由爱迪生想到我们看过的电影"爱迪生传"，又由"爱迪生传"想到科学影片，又由影片想到电影明星等，在刹那之间，我们已经有了不少交谈的题材，让我们选择。

当然，话题有时引不起对方的兴趣，但是只要我们不心急，不紧张，让我们的头脑在静默中自由地去联想，再过一会儿，我们就可能想到别的话题。

（3）围绕着一个中心

倘若你要更进一步，不想东谈一点、西谈一点，从一个题材跳到另一个题材，要想抓住一个题材，把它谈得详尽一点，深入一点，充分一点，那么，也有一个好办法，可以帮助你的思考。

这时你就不要让你的思想自由地去联想，如果已经有个题材，可以引起对方的兴趣，那么，你就以这个题材作为中心，让你的思想围绕着这个中心，尽量地去想与这个题材有关的东西，然后再把这些有关的东西分门别类，整理出鲜明的系统。

例如，你刚刚参观过"自然艺术影展"，有了启发性的联想，已经找到一个使对方有兴趣的题材——植物。如果你想在这个题材上多停留一会儿，你就把"植物"作为中心，尽量去想与它有关的事物。

在这样做的时候，你的头脑也要保持着轻松活跃状态，那么，你就会自然地想出许多与植物有关的事物，例如热带植物、盆景、秋天植物如菊花等，就可以谈到植物的研究与栽培……

如果你的中心题材是"树"，你就可以想到风景树、花果树、著名的老树、著名的大树、与树有关的成语以及树的各部分的用途……

如果你的中心题材是"交通"，那你就可以想到陆上交通、水上交通、空中交通以及交通工具，喷气机、火箭、太空船……

有了这种思考的习惯，无论任何的题材你都能把它分解又分解，分解出无穷无尽的细节，而每个细节都可以用来发展你的话题，丰富交谈的内容。

倘若把你所想到的一切结合起你个人的生活经验，那么，你交谈的内容就更真切生动了。每一个人的生活里都有许多可以打动别人的事情，倘若其中有些事情正和大家谈的题材有关，把它拿出来作为谈资，这时，交谈的内容就因为加进了个人的亲身经历的材料而更使人觉得有趣。

(4) 灵活地转换话题

在交谈中，灵活地转换话题也是一件很重要的事情。即使一个最好的话题也会有兴趣低落的时候，这时，善于交谈的人就懂得在适宜的时机转换话题，不使别人生厌。

转换话题有三种很自然的方法：

①让旧的话题自行消失。当你觉得这个话题已经没有什么新的发展的时候，你就停止在这方面表示意见，让大家保持片刻的沉默，然后就开始另一个话题。

②也可以在谈话进行当中不经意地插入别的话题，把旧的话题打断。但不要使人觉得太突然，也不要在别人还有话要讲的时候打断它。

③从旧的话题往前引申一步，转换到新的话题上。例如，大家正在谈一部正在上映的好电影，等到谈得差不多的时候，你就说："这部电影卖座不坏，听说有一部新片就要开映。"新片又将吸引大家的注意力，几句话就把话题转换了，可是大家的思想与情绪却还是连贯着的，所以，这是一个比较灵活妥善的办法。

有时候，交谈本身到了应该结束的时候，即使最有趣味的谈话有时也会因为客观条件的影响，非要结束不可。这时候，你要及时结束你的谈话，让大家高高兴兴地爽快地分手，不要等到对方再三地看表，不要忽略对方有结束交谈的暗示。否则，无论你交谈的内容有多么精彩，对方的心里也只有厌烦与焦急，不如让交谈在兴味淋漓的时候停止。

（5）如何累积交谈的题材

无论你多么善于及时发掘适合交谈的题材，毕竟还需要对谈话的题材有相当的积累，否则，巧妇是难为无米之炊的。

做一个现代的有文化、有教养的人，至少每天应当阅读一份报纸，每月应该阅读两三种杂志。从无线电广播里，你也可以吸收一些有用有趣的知识。你还可以去听演讲，去参观展览会，看戏、看电影、听音乐家的演奏，参加当地社区的各种活动，对于当前许多重要的事件，给予密切的关注。

你是否经常注意这方面的修养呢？你有没有抽出足够的时间，仔细地阅读报刊和书籍呢？你有没有记住别人精彩的言论呢？你有没有对现实生活中的许多重要的问题加以思考呢？

如果你日以继日、月以继月地丰富你知识的库房，那么久而久之，你就不至于在别人谈着什么的时候，却发现自己在那方面无话可讲了。

不过，即使你真的无话可讲的时候，也不必因此而感到自卑和不安，世界上没有一个人是无所不知、无所不晓的，在这种时候，你不妨静静地坐着，仔细地听别人讲，记住他们的话，比较他们谈话的优劣。有什么不明白的地方，设法提出适当的问题。

这样，到了第二次，又遇见同样的话题的时候，你对这方面就不是一无所知了。

2. 如何恰如其分地称呼他人

与人谈话，称呼是必不可少的。在社交中，人们对称呼是否恰当十分敏感。尤其是初次交往，称呼往往影响交际的效果。有时因称呼不当会使交际双方发生沟通上的障碍。不同时代、不同国家、不同地区、不同社会集团之间都有不同的称呼，但也有共同的称呼，如太太、小姐、女士、先生。

有时候，称呼别人不是为了满足自己，而是为了满足别人。遇到一位朋友，最近被提升了主任。当时就应先跟他打招呼："某主任，真想不到能在这儿见到你。"如果他听到你跟他打招呼，就会显得格外高兴，忙跑过来和你并肩坐。虽然平时他是个不大健谈的人，但那天却显得很健谈。

当瑞典国王卡尔·哥史塔福访问旧金山时，一位记者问国王希望自己怎么被称呼。他答道："你可以称呼我为国王陛下。"这是一个简单明了的回答。

最重要的是，不论我们如何称呼人，这其中最主要的是要传达这样的意思："你很重要"，"你很好"，"我对你重视"。

使用称呼还要注意主次关系及年龄特点。如果对多人称呼，应以先长后幼、先上后下、先疏后亲的顺序为宜。如在宴请宾客时，一般以先董事长及夫人，后随员的顺序为宜。在一般接待中要按女士们、先生们、朋友们的顺序称呼。使用称呼时还要考虑心理因素。如有的30多岁的人还没有结婚，就称为"老张、老李"，会引起他的不快。对没有结婚的女人称"太太、夫人"，她一定很反感，但对已婚的年轻女人称"小姐"，她一定会很高兴。

除此之外，称呼应该根据社会习惯来进行，例如称呼一般分为职务称、姓名称、职业称、一般称、代词称、年龄称等。职务称：经理、科长、董事长、医生、律师、法官、教授等；姓名称：一般以姓或姓名加"同志、先生、女士、小姐"；职业称：是以职业为特征的称呼。如上尉同志、秘书小姐、服务小姐等；一般称：太太、女士、小姐、先生、同志、师傅等；代词称：用代词"您"、"你们"等来代替其他称呼；年龄称：主要是以亲属名词"大爷、大妈、伯伯、叔叔、阿姨"等来相称；对工人：比自己年龄长的可称"老师傅"，与自己同龄或小于自己的人可称"同志、小同志、师傅、小师傅"；对农民：比自己年长的可称"大伯、大娘、大妈",与自己同龄或小于自己的人可称"同志",在北方也可称"大哥、大姐、老弟、小妹"等;对经济界人士:可用"先生、女士、小姐"等相称,也可用职务相称,如"董事长、经理、主任、科长"等;对知识界:可以用职业相称,如教授、老师、医生(大夫),还可以用"先生、女士、太太"相称;对文、体界:可用职务称,如"团长、导演、教练、老师"等;对于一般的演职员、运动员,就不能称"××演员"或"××运动员"而要称呼"××先生"或"××小姐"。

3. 口才来自平时的积累

许多人以为口才只是口上之才,他们以为口才好的人,只是因为他们很会说话,而自己却是不会说话的。他们看见许多口才好的人什么都可以说,谈什么都很动听,只是因为他们的口齿伶俐,这种看法是片面的、肤浅的。固然,口才的能力有赖于相当的训练,但口才的实际基础是建立在他们善于思考、善于观察、兴趣广泛、常识丰富,以及强烈的同情心和责任心之上的。没有上述所列举的基础,光是口齿伶俐,也不能成为一个口才好的人。俗话说:巧妇难为无米之炊。

追本溯源,一个口才好的人,必须经常地在观察和思考上面下功夫。他们不断地扩充他们的兴趣,积累他们的知识,培养他们的同情心和责任心。他们谈话的题材源泉是非常充实的,那你呢?是不是每天看报纸?你看报纸的时候,是不是只看看副刊上的小说消遣而已?是不是同时也很注意重要的国际及本地的新闻呢?是不是很留心地去选择节目?是不是随便听听就算了呢?你是不是选择有意义的、精彩的电影和戏剧?是不是看戏时集中精神地去欣赏它们,而不是坐在戏院里打瞌睡?

著名剧作家曹禺曾说，哪一天我们对语言着了魔，那才算是进了大门，以后才有可能登堂入室，成为语言方面的富翁。那么，我们应该怎样来具体学习、锤炼语言呢？下面介绍几种可行、有效的方法。

　　（1）深入生活

　　生活是语言最丰富的源泉。要使自己的语言丰富起来，一个闭门造车、与外面世界无接触的人，是很难如愿的。老舍曾说："从生活中找语言，语言就有了根。"这话含有很深刻的道理。比如改革开放，神州巨变，即使是村姑野叟、市井平民，也能滔滔不绝地讲述一些自己耳闻目睹的新鲜事：联产承包、农民进城、别出心裁的广告、奇形怪状的楼房、五光十色的舞厅、色彩斑斓的服装、"老九"下海、孔雀东南飞……我们就应该及时学习、了解这些方面的语言。

　　俄国伟大的批判现实主义作家托尔斯泰称赞人民是语言的"大家"。语言的天才，的确存在于人民群众之中。比如我们讲话常用程度副词——"特"，如"特棒"、"特靓"、"特正"、"特红"、"特香"、"特佳"……数不胜数。通常，广大群众所使用的生活用语更是数量惊人，丰富多彩，活泼动人，这一切也都是我们平时要注意的。

　　（2）扩大知识面

　　知识贫乏是造成语言贫乏，特别是词汇贫乏的一个重要原因。如果《红楼梦》的作者曹雪芹没有相应的词汇来描写贾府上上下下的规矩、内内外外的礼教，王熙凤的泼辣、干练、狠毒性格就肯定难以惟妙惟肖；如果《水浒》作者不懂得江湖勾当，不懂开茶坊的拉线、收小、说风情及趁火打劫的种种口诀，他就不可能把那个成了精的王大娘刻画得绘声绘色。如今，人们都喜欢用"爆炸"这个词来形容某一方面的快速增长，比如：信息爆炸、知识爆炸、人口爆炸等等。改革开放这些年来，新词语铺天盖地而至，令人目不暇接，大有"爆炸"之势。语言学研究工作者李宇明先生在其《改革开放大潮下语言大变幻》一文中，信手举了如下许多例子：

交通：巴士、的士、打的、面的；

通信：邮政专递、大哥大；

商贸：跳蚤市场、人才市场、信息市场、星期天夜市、皮包公司、倒爷；

服装：牛仔服、文化衫、蝙蝠衫、休闲衫、迷你裙、三点式、时装表演；

娱乐：迪斯科、霹雳舞、贴面舞、卡拉OK、摇滚乐、镭射电影、闭路电视；

教育：电大、夜大、函大、委培、五大生、自费生、博士后、无围墙大学、文凭热、流失生、希望工程；

其他：特区、三资企业、第二职业、炒鱿鱼、停薪留职、打工仔、外来妹、桑拿浴、应召女郎、修长城、电脑红娘……

甚至还有一些特别能生成词语的格式，如："××迷""××热""××王""迷你××"等，利用这些格式可以生成一大批词语。这些词语或者从国外引进，或者是时尚的创造，或者是旧词的复活。有些词语，如AA制、B超、BB机、T恤衫、卡拉OK，汉字与洋文夹杂，就是词典专家也被它们弄得不知所措，不知道该怎么把它们放在词典中排序。

词语是社会生活最敏感的反应器，新词爆炸反映了新生事物的层出不穷，反映了当今社会在改革大潮中的迅猛发展，反映了我们当今生活在开放洪流中的日新月异，我们对这些新的词语应及时掌握，学会运用。

(3) 阅读名著

"熟读唐诗三百首，不会作诗自会吟"的经验之谈，是大家所熟悉的，它告诉人们要学习口头语，提高说话的技巧，就应多读名著。"穷书万卷常暗诵"，吟咏其中，则可心领神会，产生强烈的兴味。摸熟语言的精微之处，则会唤起灵敏的感觉；熟悉名篇佳作的精彩妙笔，则会获得丰富的词汇，自己演说和讲话时，优美的语言亦会不召自来，这并非天方夜谭之事。只要我们潜心苦读，勤记善想，揣摩寻味，持之以恒，就能尝到醇香厚味，如果反复地用，不断地学，久而久之就可以像郭沫若所说的那样："于无法之中求得法，有法之后求其他"了。

4. 社交中巧妙提问

我们在社会交际中，要学会经常向别人提问。提问对于促进交流、获取信息、了解对方有重要的作用。一个善于提问的人，不仅能掌握会话的进程，控制会话的方向，同时还能开启对方的心扉，拨动对方的心弦。

要使提问达到预期目的，必须做到以下几点：

①一般提问。据社会学家的分析，任何发问都适用于一般提问方式。这种提问方式可以调动对方回答的积极性，满足对方渴求社会评价嘉许与肯定的心理。一般提问方式如果能配以赞许的笑容，效果就会更好。

②选择提问。提问要有所选择，不要提出明知对方不能或不愿做答的问题。一开始提问不要限定对方的回答，也不应随意搅乱对方的想法。

③真诚提问。不要故作高深、盛气凌人、卖弄学识，要给人以真诚和信任的印象，形成坦诚信赖的心理感应和交谈气氛，交谈才能正常愉快地进行。

④续接提问。如果一次提问没有达到问话的目的，运用续接提问是较为有效的。例如，你可以继续问"你是如何想办法的"、"为什么会

这样呢",或者以适当的沉默表示你正在等待他进一步回答,使对方在宽松的气氛中更详尽地讲述你想知道的内容。

⑤因时提问。提问要看时机。亚里士多德说过:"思想使人说出当时当地可能说的和应当说的话。"说话的时机,就是说话的环境,包括谈话者所处的自然环境、社会环境、语言环境和心理环境。一般说来,当对方很忙时,不宜提与此无关的问题;当对方伤心或失意时,不要提会引起对方伤感的问题;在业余时间里同医生、律师等谈话,也不要动辄请教有什么病该怎么治,或有什么纠纷该如何处理,对于这类过于具体的问题,人们在大部分情况下,往往是不愿涉及的。所以,提问要像屠格涅夫所说的那样"在开口之前,先把舌头在嘴里转10个圈",这样你的提问才能得到满意的回答。

⑥因人提问。人有男女老幼之分,有千差万别的个性,有不同的工作岗位和生活环境,有不同的知识水平和社会阅历等等,所以,提问必须以对象的具体情况为准。对象不同,提问的内容和方式自然会有所区别。

⑦适当提问。提问一定要讲究得体,便于对方回答。提问能否得到完满的答复,在很大程度上取决于怎样问。适当的提问,能使人明知其难也喜欢回答。当我们需要对方毫不含糊地做明确答复时,适当提问是一种较理想的方式。

⑧诱导提问。这种提问方式巧妙地诱导对方说出自己的心里话,同时它也是一种"迂回"对策。

总之,提问是开启对方话题的金钥匙。提问要形象、贴切,不可生搬硬套,提问是主要,说明问题为次要,说明问题只是为提问服务。

5. 社交中巧妙回答

有经验的交谈者在接到对方的提问后，能立即思考并选择出一个最佳的回答方案。回答对方提问时，头脑要冷静，不能被提问者所控制，对于提问能答即答，不愿回答的可以想办法回避。

回答提问有以下几种方法：

①扣题回答。这是最常用的一种回答方式。答话如果没有针对性，轻则给人留下一个很不好的印象，重则影响交往。所以，听人说话时一定要精力集中，回答一定要有针对性。

②借题回答。巧妙地利用对方的问话，在回答提问时能收到良好效果。仿照和借用问话中的语气和词句，用一种出人意料的应答方法来回答，则是应付问话较为理想的办法。

③设定回答。对方的提问，有时可能会很模糊、荒诞甚至愚蠢，以至于我们很难回答。这时，我们可以分析清楚，用设定条件的方法进行回答。

④颠倒回答。回答提问时，如果将对方的语序颠倒一下，就可能成为一个与原来问句的意义截然不同的句式，如果用得好，十分有效。

⑤幽默回答。在交际过程中，一些提问如果不好直接作答，但又不能避而不答，可以用幽默回答。这样能收到很好的效果。

⑥委婉回答。交际中会有一些使人不便直说的事情，因此，对某些问题，可委婉回答，以求回答婉转而又不失礼貌。

⑦诱导回答。所谓诱导回答，就是要设法诱使对方根据自己的思想进行提问。

⑧含糊回答。回答提问要求简明、精确，但在实际应用中也有另一

种情况，就是不便于把话说得太明确，这时就需要具有弹性的含糊回答。

⑨转换回答。这种方法就是故意转换自己不愿触及的话题，用另一个根本不同的内容来回答。一般来说，这种方法必须自然，要使转换的话题与原来的话题尽量有某种联系，同时还要及时。转换要抓住时机，找准借口，在对方的话题还没有充分展开之前就以新的话题取而代之。

交际中，提问要巧，回答要妙。机智的回答是高层次语言艺术境界，能使你在社会交往中左右逢源。

课后练习：怎样练习你的口才技巧

如果你很难开口跟陌生人交谈，或是你觉得无论到哪里都很孤独，没有人想跟你说话，以下就是一些协助你建立自信的练习方法。你可以在任何地方、任何时间做练习。

（1）练习在电梯里和人谈话

你有没有注意过，在电梯里人人皆是噤声站着、直视前方？这似乎是个不成文的规定，限制我们在电梯中彼此交谈。其实这是谁定的规矩？难道是大楼的管理办法吗？

其实，电梯提供了一个让人简短招呼的绝佳场所。只需要简单的眼神接触、微笑，同时说"嗨，今天天气真好"，或"这电梯真慢"，无论什么话都能打破沉寂。这是一招零风险的练习，你大可以满怀自信地去做。因为你很明白，待在电梯里就那么一分钟，或许你永远不会再跟这些人碰面。这个点子是针对"与陌生人交谈"做简单的练习，不是叫你一定要去和人家接洽生意或是结成终身莫逆（虽然这也可能发生）。

下次你进了电梯后，可以来一个最大胆的"亮相"尝试：你要直着走进去，立刻面对众人——把你的背紧贴着电梯门，脸正对着整个电梯里的人。大家会以为你发神经了，这时你可以直接告诉大家："我正在上一门名为'如何克服羞怯'的课，其中有一项作业就是要在电梯里练习面对众人。"我保证你能博得众人一笑，而且你会充满自信地离开电梯。

（2）练习长一点的会话

从今天起，请在银行或超市排队时跟别人说话。在超市结账时，你可以指着画报上的小道消息说："我前几天在一家自助洗衣店看见过这位明星。"有时候交谈也可以仅止于一声"嗨"，当然，你可能不会以这种方式找到你所爱的人或是你梦想的工作，但是经常做这种练习，会让你习惯与陌生人搭讪。

（3）练习和比较不胆怯的人谈话

你可以在快递公司的收货员、邮差、接线员、承办宴会的服务生或是修车厂技工的身上，练习你的胆量和口才。这些人由于职责所在，理当很有礼貌，你可以和他们做有趣的交谈。他们和你生活中的任何人一样重要，同时也可以变成你珍贵的伙伴。

（4）请尝试单刀直入的方式

为何要躲开那些胆怯的人呢？你可以大胆走向他们，说："我一直想跟你说话，但是我很怕接近你。"此语单刀直入，切入对方的自我中心，他们会无法抗拒地问你何以如此。这不仅让你开始了一段话，还是种最有效率的沟通方式，省了一堆繁文缛节。

（5）练习学会去冒险

多去参加艺廊的开业典礼，并向艺术家道贺。在商场上一旦你听到什么人做了什么有趣的事，请拨打个电话给他（你可以从期刊上得知消息）。你也可以去听一场你熟悉的主题演讲，主动向主讲人介绍自己。尽量接近成功的人，向他们表达赞美恭维之意，如此就能为你开启机会之门。

(6) 从谈话中去寻找乐趣

生命充满乐趣，没有什么事必须严阵以待。我们生而为人，是为了要拓展自己、自由思考、全心相爱，这个过程满是乐趣。

积极把新朋友带进你的生活，其收获是让生活得以扩展。这意味着，你的生活将满是新点子、新朋友和新机会；如果你不开金口、不说一声"嗨"，是无法得到的。所以，不要害怕，勇敢地运用你的沟通潜能。

第三课

掌握说话技巧　提高口才水平

　　一提到口才,人们的第一感觉是口中滔滔不绝的"语流",在这里对这一点必须做出澄清:不是口若悬河就是口才好,还得会说话才行,这里面有很好的技巧,掌握了这些技巧,口才水平才能有实质性的提高。

一、社交场合如何把握口才技巧

1. "场面话"不是可有可无的

一踏入社会，应酬的机会就多了，这些应酬包括去别人家做客、赴宴、会议及其他聚会等。不管你对某一次应酬满不满意，"场面话"一定要讲。

什么是"场面话"？简言之，就是让主人高兴的话。既然说是"场面话"，可想而知就是在某个"场面"才讲的话，这种话不一定代表你内心的真实想法，也不一定合乎事实，但讲出来之后，就算主人明知你"言不由衷"，也会感到高兴。说起来，讲"场面话"实在无聊之至，因为这几乎和"虚伪"划上等号，但现实社会就是这样，不讲就好像不通人情世故了。

聪明人懂得："场面之言"是日常交际中常见的现象之一，而说场面话也是一种应酬的技巧和生存的智慧，在人世间生存的人都要懂得去说，习惯于说。

（1）学会几种场面话

当面称赞他人的话——如称赞他人的孩子聪明可爱，称赞他人的衣服大方漂亮，称赞他人教子有方等等。这种场面话所说的有的是实情，有的则与事实存在相当的差距，而这种话说起来只要不太离谱，听的人十有八九都感到高兴，而且旁人越多他越高兴。

当面答应他人的话——如"我会全力帮忙的"、"这事包在我身上"、"有什么问题尽管来找我"等。说这种话有时是不说不行，因为对方运用人情压力,当面拒绝,场面会很难堪,而且当场会得罪人;对方缠着不肯走,那更是麻烦,所以用场面话先打发一下,能帮忙就帮忙,帮不上忙或不愿意帮忙再找理由,总之,有缓兵之计的作用。

所以,在很多情况下,场面话我们不想说还不行,因为不说,会对你的人际关系造成影响。

(2) 如何说场面话

去别人家做客,要谢谢主人的邀请,并盛赞菜肴的精美、丰盛、可口,并视实际情况,称赞主人的室内布置,小孩的乖巧聪明……

赴宴时,要称赞主人选择的餐厅和菜色,当然感谢主人的邀请这一点绝不能免。

参加酒会,要称赞酒会的成功,以及你如何有"宾至如归"的感受。

参加会议,如有机会发言,要称赞会议准备得周详……

参加婚礼,除了菜色之外,一定要记得称赞新郎新娘的"郎才女貌"……

说"场面话"的"场面"当然不止以上几种,不过一般大概离不了这些场面。至于"场面话"的说法,也没有一定的标准,要看当时的情况决定。不过切忌讲得太多,点到为止最好。

总而言之,"场面话"就是感谢加称赞,如果你能学会讲"场面话",对你的人际关系必有很大的帮助,你也会成为受欢迎的人。

2. 场面上要注意礼节和措辞

在礼节场合与人说话时,不要故作姿态,更不要"皮笑肉不笑",给人以虚伪的印象。要让对方感到自己热情、实在、值得信任。因此,说话时的动作要适度、端庄,在必要时可做些手势。如果坐着说话,手不要搭在邻座的椅背上，腿不要乱跷、乱晃、随便抖动，更不要一边说话一边修指甲、剔牙齿、挖耳搔痒等等。

美国人一般性格外向、感情丰富。他们欣赏英俊的外貌，沉着潇洒、彬彬有礼的绅士风度，赞赏幽默机智的谈吐。1960年，尼克松败在肯尼迪手下，就是因为在电视辩论中风度与谈吐均不如肯尼迪。里根之所以能当上总统，与他在当电影演员时培养出来的潇洒风度和练就的好口才有很大的关系。从外部形象看，年仅46岁的高大、英俊的克林顿当然比年纪老迈的布什占有很大的优势，但布什是一个很难对付的对手，他是一个老牌政客，在从政经验的丰富与外交成就的显赫这两个方面，克林顿无法同他相比。故而克林顿在三次电视辩论中决定采用以柔克刚的办法，不咄咄逼人，不进行人身攻击，要在广大听众面前展示出一个沉着稳重、从容大度的形象。在1992年10月15日第二次电视辩论中，辩论现场只设一个主持人，候选人前面都没有讲桌，只有张高椅子可坐，克林顿为了表示他对广大电视观众的尊敬，一直没有坐，并且在辩论中减少了对布什的攻击，把重点放在讲述自己任阿肯色州州长12年间所取得的政绩上。克林顿的这种以柔克刚、彬彬有礼的做法，立即赢得了广大电视观众的好感。

最后一次电视辩论中，克林顿英俊潇洒的姿态、敏捷的论辩与幽默机智的谈吐使他大出风头。他在对布什的责难进行了有效的反驳以后，很得体地对广大电视观众说："我既尊敬布什先生在白宫期间的为国操劳，又希望选民能鼓起勇气，敢于更新，接受更佳人选。"话音刚落，掌声雷动。

克林顿要想圆他的总统梦，必须把布什拉下马，克林顿深知电视辩论的重要。如果在电视辩论中表现出色，加上舆论界广为宣传，就将为入主白宫铺平道路；如果在电视辩论中惨遭失败，那么，他的总统梦将化为泡影。

为了在电视辩论中获胜，克林顿的竞选班子绞尽了脑汁，制定出了有礼有节、以柔克刚的有效的辩论方法。

电视辩论不但可以显示总统候选人的竞选主张,更重要的是还能展示候选人的素质和能力,如形象、风度、思维能力、表达能力、应变能力等。克林顿抓住电视这个受众面最广的传媒,在辩论中以说"礼"话的策略与布什竞选,赢得了广大选民的信任和支持,也展示了自身良好的风度和形象。

3. 学会没话找话

不善言谈在交际场中很容易陷入尴尬局面。要想成为求人办事的高手,首先必须掌握善于没话找话的诀窍。

没话找话说的关键是要善于找话题,或者根据某事引出话题。因为话题是初步交谈的媒介,是深入细谈的基础,是纵情畅谈的开端。没有话题,谈话是很难顺利进行下去的。

好话题的标准是:至少有一方熟悉,能谈;大家感兴趣,爱谈;有展开探讨的余地,好谈。

那么,怎么找到话题呢?

(1) 众人都关心的话题

面对众多的陌生人,要选择众人关心的事件为话题,把话题对准大家的兴奋中心。这类话题是大家想谈、爱谈又能谈的,人人有话,自然能说个不停了,以至于引起许多人的议论和发言,导致"语花"飞溅。

(2) 借用新闻或身边的材料

巧妙地以彼时、彼地、彼人的某些材料为题,借此引发交谈。有人善于借助对方的姓名、籍贯、年龄、服饰、居室等,即兴引出话题,常常收到好的效果。"即兴引入"法的优点是灵活自然,就地取材,其关键是要思维敏捷,能做由此及彼的联想。

（3）提问的方式

向河水中投块石子，探明水的深浅再前进，就能有把握地过河；与陌生人交谈，先提一些"投石"式的问题，在略有了解后再有目的地交谈，便能谈得更为自如。如"老兄在哪儿发财"、"您孩子多大了"等。

（4）找到共同爱好

问明陌生人的兴趣，循趣发问，能顺利地进入话题。如对方喜爱足球，便可以此为话题，谈最近的精彩赛事，某球星在场上的表现，以及中国队与外国队的差距等，都可以作为话题而引起对方的谈兴。引发话题，类似"抽线头"、"插路标"，重点在引，目的在导出对方的话茬儿。

（5）搭上关系，由浅入深

孔子说"道不同，不相为谋"，只有志同道合，才能谈得拢。我国有许多"一见如故"的美谈。陌生人要能谈得投机，要在"故"字上做文章，变"生"为"故"。下面是变"生"为"故"的几个方法：

①适时切入。看准情势，不放过应当说话的机会，适时插入交谈，适时地"自我表现"，能让对方充分了解自己。

交谈是双边活动，光了解对方，不让对方了解自己，同样难以深谈。陌生人如能从你"切入"式的谈话中获取教益，双方会更亲近。适时切入，能把你的知识主动有效地献给对方，实际上符合"互补"原则，奠定了"情投意合"的基础。

②借用媒介。寻找自己与陌生人之间的媒介物，以此找出共同语言，缩短双方距离。如见一位陌生人手里拿着一件什么东西，可问："这是什么？……看来你在这方面一定是个行家。正巧我有个问题想向你请教。"对别人的一切显出浓厚兴趣，通过媒介物引发表露自我，交谈也会顺利进行。

③留有余地。留些空缺让对方接口，使对方感到双方的心是相通

的，交谈是和谐的，进而缩短距离。因此，和陌生人交谈，千万不要把话讲完，把自己的观点讲死，而应虚怀若谷，欢迎探讨。

4. 寻找感情上的突破口

日常交往并不是总在熟人间进行，有时你甚至要闯入陌生人的领地。当进入一个陌生的家庭、环境里时，要迅速打开局面，首先要寻找理想的"突破口"。有了"突破口"，便可以以点带面或由此及彼地发挥开去，从而实现让对方在感情上接受你的效果。老人、小孩容易接近，也喜欢你接近，融洽全家气氛，这样就能达到水到渠成的"套近乎"的目的。

人常说：要讨一个母亲的欢心，莫过于赞扬她的孩子。聪明的人应该利用孩子在交际过程中充当沟通的媒介，一桩看似希望渺茫的事，经过孩子的起承转合，反倒迎刃而解。

纽约某大银行的乔·理特奉上司指示，秘密进入某家公司进行信用调查。正巧理特认识另一家大企业公司的董事长，这位董事长很清楚该公司的行政情形，理特便亲自登门拜访。

当他进入董事长室，才坐定不久，女秘书便从门口探头对董事长说：

"很抱歉，今天我没有邮票拿给您。"

"我那12岁的儿子正在收集邮票，所以……"董事长不好意思地向理特解释。

接着理特便开门见山地说明来意。可是董事长却含糊其词，一直不愿做正面回答。理特见此情景，只好离去，没得到一点儿收获。

不久，理特突然想起那位女秘书向董事长说的话，邮票和12岁的儿子。同时，也联想到他服务的银行国外科，每天都有许多来自世界各地的信件，有许多各国的邮票。

第二天下午，理特又去找那位董事长，告诉他是专程替他儿子送邮票来的。董事长热诚地欢迎了他。理特把邮票交给他，他面露微笑，双手接过邮票，就像得到稀世珍宝似的自言自语："我儿子一定高兴得不得了。啊！多有价值！"

董事长和理特谈了40分钟有关集邮的事情，又让理特看他儿子的照片。一会儿，没等理特开口，他就自动地说出了理特要知道的内幕消息，足足说了一个钟头。他不但把所知道的消息都告诉了理特，又召来部下询问，还打电话请教朋友。理特没想到区区几十张邮票竟让他圆满地完成了任务。

课后练习：怎样在社交场合得体地介绍自己

在求人办事时，自我介绍是必不可少的。从交际心理上看，人们初次见面，彼此都有一种了解对方，并渴望得到对方尊重的心理。这时，如果你能及时、简明地进行自我介绍，不仅满足了对方的渴望，而且对方也会以礼相待，自我介绍。这样，双方以诚相见，就为彼此的沟通及进一步交往奠定了良好的基础。

而且，在参加社交集会时，主人不可能把每一个人的情况都介绍得很详细。为了增进了解，你不妨抓住时机，多做几句自我介绍。时机有两种：一是主人介绍话音刚落时，你可接过话头再补充几句；二是如果有人表示出想进一步了解你的意向时，你可做详细的自我介绍。

自我介绍时应注意以下几点：

（1）要有自信心。在日常交往尤其是求人办事时，有些人怕见陌生人，见到陌生人，似乎思维也凝固了，手脚也僵硬了。本来伶牙俐齿的，变得说话结巴；本来拙嘴笨舌的，嘴巴更像贴了封条。这种状况怎能介绍好自己呢？要克服这种胆怯心理，关键是要自信。有了自信心，才能介绍好自己，给别人留下好的印象。

（2）要真诚自然。有人把自我介绍称为自我推销。既然推销产品时需要在"货真价实"的基础上做宣传，那么推销自我时也不能不顾事实而自我炫耀。因此，做自我介绍时，最好不要用"很"、"最"、"极"等极端的词汇，给人留下"狂"的印象；相反，真诚自然的自我介绍，往往能使自己的特色更闪闪发光，引起人们的注意。

（3）要考虑对象。自我介绍的根本目的是要给对方留下一个印象，因此要站在对方理解的角度来说话。

所以，在介绍自己时，一定要重视那个或那群与你打交道的人，要随机应变。如你面对的是年长、严肃的人，你最好认真规矩些；如与你打交道的人随和而具有幽默感，你不妨也比较放松地展示自己的特点，做出有特色的自我介绍来。

总之一句话，要在自我介绍中表现出你的口才，使它成为与人沟通和进一步交往的前提。

二、如何通过说软话扭转社交中的被动局面

1. 请领导帮忙时应让领导同情你

世界上所有的人差不多都具有同情弱小和怜恤难者的仁慈感情，找领导办事能否获得应允，有时恰恰是这种同情心在起作用。所以，不管你平常多么硬直自傲，这时候必须低下头来说软话，摆出一副可怜相才行。

通常情况下，人们是不愿轻易去找上级办事儿的，上级盛气凌人的

"架子"在一般下属那里是不会被愉快接受的。一般而言，下属不到万般无奈和迫不得已的时候，是不会随便提出一件事让上级烦心的。所以，对一个人情世故相对成熟的下属来说，不经过"三思"，只靠脑瓜儿忽地一热乎便去找上级办某件事的人可谓寥寥无几。按照一般社会经验归纳起来，有如下一些事情是下属们经常要找上级出面办理和帮助解决的：

一是与工作有关的利益。这些利益包括调岗、晋升、涨工资、分房子，调停与同事之间的矛盾、平息一些不利于自己发展的言论或舆论。这一类事能否办到，关键在于你在上级心目中的位置，位置高了，他会把利益的平衡点放在你身上；位置若是低了，则必须借助外在的或间接的力量起作用方能把事儿办成，否则你便只能充当各种利益的旁观者了。

二是与社会生活有关的利益。包括借贷、买卖、调节各类纠纷，参与婚丧嫁娶等各类红白喜事的协调，对各类被侮辱、被损害者的法律公断以及某些同学、同乡、同事、朋友等托办的事宜等等。办这类事儿，上级一般未必直接出面和直接行使权力，他们的间接活动有时却是非常有效的。

三是与家庭关系有关的利益。包括夫妻关系、儿女关系、亲戚关系。这些关系所涉及的利益有时不能得到满足或者受到了伤害而自己又无力自我调节，于是责无旁贷，只好间接地承揽过来找某位上级说情，恳望他能出面干预或施加影响。如为子女找工作、帮助妻子调动工作、帮助某位亲属安置工作等等。

正是因为有以上这些利益关系，你才有可能经常要找上级办一些事情。这些事情几乎都可以涵盖在"困难"二字之下，如经济困难、思想困难、情感困难、地位困难等等，找上级办事儿，说穿了无非是托他们帮助解决这些"困难"。既言困难就有一些不堪负重的苦衷，要想把事情办成，最好的方法就是把这些苦衷通情达理、不卑不亢和牵肠挂肚地吐出来，切入肌肤地诱使上级产生同情心，从而帮助你把恳求办的事情办好。

要引起上级同情，必须了解上级自身的人生经历和社会经历，对上级曾经有过类似的切身感受过的事情，容易得到同情，从而得到支持和应允。

要引起上级同情，说低头话时必须在人之常情上下功夫，必须把自己所面临的困难说得在情在理，令人十分同情。所以，对那些越是给自己带来遗憾的地方和痛苦的地方，越是要大加渲染，这样，上级才愿意以拯救苦难者的姿态伸出手来帮助你办事儿，让你终生对他感恩戴德。因为大凡能激发人的公正之心、慈悲之心和仁爱之心的事情，都能引起人们的同情和帮助欲，都能使人在帮助之后产生一种伟大的济世之感。

要引起上级同情，必须了解上级的好恶，了解他平时爱好什么、赞扬什么，又愤慨什么，了解他的情感倾向和对事物善恶清浊的评判标准。上级的同情心有时是诱出来的，有时是忙出来的。如果上级对某个朋友有成见，认为他水平很差，他不得志和受排挤，是不足为怪的。那么，你要帮朋友解决常年在基层受压抑之苦，并想借此引起上级的同情，可能就是一件相当困难的事情了。只有没有成见的时候，才能产生同情心。

同情心可以促进领导对你的理解，但这并不等于说马上就会下定帮你办的决心，因为领导者要考虑多方面的情况，有时会处于犹豫之中，甚至会抱着多一事不如少一事的态度，不想过问，这时，就需要努力激发领导的责任感，要使领导者知道，这是在他职责范围内的事，他有责任处理此事，而且能够办好此事。

所以，利用领导善良的同情心说低头话，如果运用方法恰当，即使上司铁石心肠，也能收到"以情感人"的奇效。

2. 有感情也得能低头

小时候的玩伴或是过去的同学、战友，当年在一起的亲密无间，时过境迁，人家现如今有了出息，地位高了，心态也不一样了。如果你去求他办事，无视你们之间现在的差距，还是以"当年如何"的心态跟他交流，注定是剃头挑子一头热。在这里必须明白一点，感情归感情，你也完全可以拿它说事儿，但必须先调整好自己的心态，能够拉下脸，说一些恰当的低头话才成。

明代开国皇帝朱元璋，少年时做过放牛郎，结交了一帮穷朋友。做了皇帝后，那种高处不胜寒的感觉便渐渐袭来，于是他很怀念过去的一帮穷朋友，总想找机会与他们敞心叙谈。

有一天，一个人从乡下赶来，一直跑到皇宫门外，在他的哀求下，值日卫官进去启奏说："有旧友求见。"

朱元璋吩咐传进来，那人见面后即下拜说：

"我主万岁！当年微臣随驾扫荡芦州府，打破罐州城。汤元帅在逃，拿住豆将军，红孩子当兵，多亏菜将军。"

朱元璋听他说得动听、含蓄，心里很高兴，回想当年饥寒交迫、有乐共享、有难同当的情景，心情很激动，所以，立即封他为御林军总管。

这个消息让另一位穷朋友听见了，心想：

"同是那时候一块儿玩的人，他去了既然有官做，我去了也不会倒霉的。"

和朱元璋一见面，他高兴极了，生怕旧友忘了自己，便指手画脚地说：

"我主万岁！还记得吗？从前你我都替人家放牛。有一天，我们在芦花荡里，把偷来的豆子放在瓦罐里煮。还没等煮熟，大家就抢着吃，把罐子打破了，撒下一地的豆子，汤都洒在泥地里，你只顾顺手从地下抓豆子吃，却不小心连草叶子也送进嘴里，卡住喉咙。还是我出的主意，叫你用青菜叶子放在手上一起吞下，才把红草叶子咽到肚子里去。"

当着百官的面，朱元璋又气又恼，哭笑不得，为顾全风度，他喝令左右：

"哪来的疯子，拿下，重责。"这位皇帝的穷朋友，因一味讲实话，既不掩饰自己，又不赞美别人，结果落得如此的下场。

由上述例子可知，即使是两小无猜的发小，地位不同了，也要看人脸色再说话。

3. 功劳面前更要说低头话

有人说，低头话该说的时候自然要说，可是我有了大功劳，正是别人对我感恩戴德或欣赏有加的时候，何必自我作践说低头话呢？持这种观点的人只知其一不知其二，对人情世故仍是不甚了了，照他这种观点和做法，估计用不了多久，对他感恩戴德和欣赏有加的人就变成了你死我活的仇敌。说到底，这些人还是打心眼儿里把自己看得太高了。

郭解，是西汉的一位侠客，为人行侠仗义，在当时很有声望。有一次，洛阳某人因与他人结怨而心烦，多次央求地方上有名望的人士出来调停，对方就是不给面子。后来他求到郭解门下，请他来化解这段恩怨。

郭解接受了这个请求，亲自上门拜访委托人的对手，做了大量的说服工作，好不容易使对方同意了和解。照常理，郭解此时不负人所托，完成这一化解恩怨的任务，可以走人了。可郭解有高人一着的棋，有更技巧的处理方法。

一切讲清楚后，他对那人说："这个事，听说当地许多有名望的人也来调解过，但都没有调解成。这次我很幸运，你也很给我面子，我把这件事解决了。但我毕竟是个外乡人，占这份功劳恐怕不好。本地人出面不能解决的问题，由我这个外地人来解决了，未免会使本地那些有头有脸的人感到丢面子啊。"他进一步说："这件事这么办：请你再帮我一次，从表面上让人以为我没办成，等我明天离开此地，本地几位头面人物还会上门，你把面子给他们，算是他们调解成的，好不好？拜托了！"

郭解很懂得照顾别人的面子，因为他知道，那些当地的头面人物是爱面子的人。如果得罪了他们，以后还怎么在这里混？所以自己还是当个幕后英雄，成全他们的美名吧。

明朝的王守仁平定了宁王朱宸濠的叛乱以后，权奸江彬等人嫉恨他功劳大，散布流言蜚语说："王守仁以前是与朱宸濠同谋的，等到已经听说各路大军开始征伐了，才擒拿了朱宸濠以自脱。"王守仁听了这种传说，于是把朱宸濠交给了协同参战的张永，使皇帝能够亲获朱宸濠，满足自己御驾亲征、生擒逆首的虚荣心。后来张永也在皇帝面前极力称赞王守仁的赤胆忠心和谦虚让功的美德，皇帝明白了事情的真相，于是赦免了王守仁。

龚遂是汉宣帝时代的一名贤良能干的官吏。当时渤海一带灾害连年，百姓不堪忍受饥饿，纷纷聚众造反，当地官员镇压无效，束手无策，宣帝派年已七十余岁的龚遂去任渤海太守。

龚遂轻车简从来上任，安抚百姓，与民休养生息，鼓励农民垦田种桑，规定每户种一株榆树、一百棵薤白、五十棵葱、一畦韭菜，养两口母猪、五只鸡。对于那些心存戒备、依然持刀带剑的人，他劝道："为什么不把剑卖了去买头牛，务点正业？"经过几年治理，渤海一带社会安定，百姓安居乐业，温饱有余，龚遂名声大振。

于是，汉宣帝召他还朝，他有一个属吏王先生，请求随他一同去长安，说："我对你会有好处的！"其他属吏却不同意，说："这个人，一天到晚喝得醉醺醺的，又好说大话，还是别带他去为好！"

龚遂说："他想去就让他去吧！"到了长安后，这位王先生还是终日沉溺在醉乡之中，也不见龚遂。可有一天，当他听说皇帝要召见龚遂时，便对看门人说："将我的主人叫到我这儿来，我有话要对他说！"王先生一副醉汉狂徒的模样，龚遂也不计较，还真来了。王先生问："天子如果问大人如何治理渤海的，大人当如何回答？"

龚遂说："我就说任用贤才，使人各尽其能，严格执法，赏罚分明。"

这位王先生连连摆头道："不好，不好！这么说岂不是自夸其功吗？请大人这么回答：'这不是小臣的功劳，而是天子的神灵威武所感化的！'"

龚遂接受了他的建议，按他的话回答了汉宣帝，宣帝果然十分高兴，便将龚遂留在身边，加官晋爵。

我们常说要透过现象看本质，人前低头，说低头的话也是这样，必须正确分析情势，准确判断何种情况下低头话是必不可少的，才能使自己立于不败之地。

4. 说错话后及时认错

"人非圣贤，孰能无过"，关键在于如何处理。做错事情之后，去向人低声道歉固然必要，但有时仅靠一句"对不起"是不足以获得谅解的。在这里，我们以黛博拉的事件为例。有一次黛博拉在同事谈话时称其上司是"机器人"，结果被上司知悉。于是黛博拉给上司写了一张条子，约他抽空谈一谈，上司同意了。"显而易见，我用的那个词绝无其他用意，我现在备感悔恨。"黛博拉向上司解释说，"我之所以用

'机器人'之类的字眼，只不过是想开个玩笑，我感到上司对我们有些疏远、麻木，因此，'机器人'三字又不过是描述我这种感情的一种简短方式。"上司为黛博拉合情合理的解释和自我批评而深受感动，他当即表态，说要努力善解人意，做个通情达理的人。

把问题讲清楚，通过这种方式，黛博拉帮助上司做到了平心静气，并顺利地解决了他们之间的信任危机。

诚然，推卸责任是我们找借口辩解的一种方式，然而，问题不在于我们要找借口辩解，而在于我们辩解时不能太直率、太生硬。

任何人都会进行辩解。堪萨斯州大学心理学家、就此类主题写过两本书的斯尼德指出："如能使对方感到出现目前的过失是事出有因，而且保证不会再重复，找借口辩解解除大家的紧张情绪。""且借口如能成为解释，便更能使人感到舒适惬意。"斯尼德又补充道。

终止，偃旗息鼓，这是自己在论战中不慎失误，造成明显不利形势时，采取的一种暂时退却的策略，以便振作精神，调整战术寻机再战。

任何人在论战中都难免失误，任何一方都可能遇到强劲的对手，若一方稍有不慎，就会被强敌抓住把柄击中要害。此时既不能强辩，也不可狡辩，否则将失败得更惨。为了终止已造成的失误，最好装聋作哑，不予理会。有人说："我以多次陷入相似境地的同事身份，让我冒昧地向同事提出劝告，最好的撤退方法就是一心一意地撤退。"

公开讲话也好，与人交往也好，犯错在所难免，而有些看似不经意的错误可能带来严重的后果。所以及时认错、及时低头，开诚布公地讲一些能让人谅解的低头话才是会说话、会办事的表现。

课后练习：怎样应对无谓的口舌之争

避让忍耐是中国传统的生存哲学。低头是一种大智慧，为争一时之气不肯低头，惹出事来恐怕就不是简单地低一下头、说两句认错的话就能解决的了。

武则天时代有个丞相叫娄师德，他性格稳重，很有度量。他的弟弟当上了代州刺史，临行之时，娄师德对弟弟说："我担任宰相，你现在又管理一个州，受皇上的宠幸太多了。这正是别人妒嫉的，你打算怎样对待这些人的妒嫉以求自免灾祸呢？"娄师德的弟弟跪在地上，对哥哥说："从今以后，即使有人朝我脸上吐唾沫，我也自己擦去，决不叫你为我担忧。"娄师德忧虑地说："这正是我所担忧的。人家向你吐唾沫，是对你恼怒。如果你将唾沫擦去，那不是违反了吐唾沫人的意愿吗？别人会以为你在顶撞他，这只能使他更火。怎么办呢？要是人家唾你，你要笑眯眯地接受。唾在脸上的唾沫，不要擦掉，让它自己干。"

后人对娄师德教人"唾面自干"的这种忍耐，总是嗤之以鼻，认为十分迂腐可笑。事实上，娄师德式的忍，是在训练一个人的韧性，教人知道如何收敛自己，而非以忍耐为目的。娄师德在武则天时代出将入相，总管边疆事务三十年，他在兼河源（今新疆于田）军司马时，和吐蕃大战，八战八克，具备这样勇气过人的精神和气魄，岂是一个畏缩者能够有的气质？

富弼是北宋仁宗时的宰相，字彦同。因为大度，上自仁宗，下至文武官员都称他品行优良。

富弼年轻的时候，因聪明伶俐，巧舌如簧，常常在无意之间得罪一些人，事后，他自己也深为不安。经过长时期的自省，他的性格逐渐变得宽厚谦和。所以当有人告诉他某某在说他的坏话时，他总是笑着回答："你听错了吧，他怎么会随便说我呢？"

一次，一个穷秀才想当众羞辱富弼，便在街心拦住他道："听说你博学多识，我想请教你一个问题。"

富弼知道来者不善，但也不能不理会，只好答应了。

众人见富才子被人拦在街上，都拥过来看热闹。

秀才问富弼："请问，欲正其心必先诚其意，所谓诚意即毋自欺也，是即为是，非即为非。如果有人骂你，你会怎样？"

富弼想了想，答道："我会装作没有听见。"

秀才哈哈笑道："竟然有人说你熟读四书，通晓五经，原来纯属虚妄，富彦同不过如此啊！"说完，大笑而去。

富弼的仆人埋怨主人道："您真是难以理解，这么简单的问题我都可以对上，怎么您却装作不知呢？"

富弼说道："此人乃轻狂之士，若与他以理辩论，必会言辞激烈，气氛紧张，无论谁把谁驳得哑口无言，都是口服心不服。书生心胸狭窄，必会记仇，这是徒劳无益的事，又何必争呢？"

仆人却始终不理解自己的主人为何如此胆小怕事。

几天后，那秀才在街上又遇见了富弼。富弼主动上前打招呼。秀才不理，扭头而去；走了不远，又回头看着富弼大声讥讽道："富彦同乃一乌龟耳！"

有人告诉富弼那个秀才在骂他。

"是骂别人吧！"

"他指名道姓骂你，怎么会是骂别人呢？"

"天下难道就没有同名同姓之人吗？"

他边说边走，丝毫不理会秀才的辱骂。秀才见无趣，低着头走开了。

气量如海，大度待人，对社会交际的顺利进行，有着十分重要的作用。人与人之间经常发生矛盾，在矛盾面前，若能够有较大的气量，以宽容的态度去对待别人，即使对无理取闹者也能以低头说话轻巧避开其锋芒，这样，就会在时间的推移过程中，逐渐改变对方的态度，使矛盾得到缓和。

三、特殊情况下应采取什么样的口才技巧

1. 装聋作哑的应对术

在人际交往中，为了利益、为了生存，有时不妨运用"秀才遇到兵，有理说不清"的"老粗"策略。故意使用对方所无法理解的语言，同时也故意装作听不懂对方的语言，让对方在与你沟通时产生挫败感，并激发他的火气。他若发火，则你已立于不败之地，因为发脾气给人的感觉总是理亏，如果他不发作而隐忍，也必定会搅乱他的思维，使其不知不觉地处于劣势。故意装傻充愣，误解他的意思，扭曲他的意思，他说他的阳关道，你说你的独木桥，这样来往几回合，他会认为你不可理喻，放弃与你交手。

某公司有一个女孩子，平日只是默默工作，并不多话，和人聊天总是面带微笑。有一年，公司里来了一个好斗的女孩子，很多同事在她主动发起攻击之下，不是辞职就是请调。最后，矛头终于指向了这个女孩。某日，这位好斗的女孩子抓到了那位一贯沉默的女孩子的把柄，立刻点燃火药，噼里啪啦一阵，谁知那位女孩只是默默笑着，一句话也没说，只偶然问一句"啊？"最后，好斗的那个主动鸣金收兵，但也已气得满脸通红，一句话也说不出来。过了半年，这位好斗的女孩子也自请他调。

你一定会说，那个沉默的女孩子的"修养"实在太好了，其实事实不是这样，而是那位女孩子听力不大好，理解别人的话不是有困难，但总是要慢半拍，而当她仔细聆听你的话语并思索你话语的意思时，脸

上又会出现"无辜"、"茫然"的表情。你对她发作那么久、那么卖力，她回以的却是这种表情和"啊"的不解声，难怪对方斗不下去，只好鸣金收兵了。

这个故事说明了一个事实：装聋作哑的力量是巨大的，面对"沉默"，所有的语言力量都消失了！

只要有人的地方就会有斗争。这不是新鲜事，在人性丛林里，你要有面对不怀善意的力量的心理准备；你可以不去攻击对方，但保护自己的"防护网"一定要有，聪明人的举动是：不如装聋作哑！

聋哑之人是不会和人起纷争的，因为他听不到、说不出，别人也不会找这种人斗，因为斗了也是白斗。不过大部分人都不聋又不哑，一听到不顺耳的话就会回嘴，其实一回嘴就中了对方的计，不回嘴，他自然就觉得无趣了；如果他还一再挑衅，只会凸显他的好斗与无理取闹罢了。因此面对你的沉默，这种人多半会在几句话之后就仓皇地"且骂且退"，离开现场，如果你还装出一副听不懂的样子，并且发出"啊"的声音，那么更能让对方"败走"。

不过，要"作哑"不难，要"装聋"可不易，因此要培养自己对他人言语"人耳而不入心"的功夫，否则心中一起波澜，要不起来回他一两句是很难的。

学习装聋作哑，除了以不战而胜之外，也可避免自己成为别人的目标，而习惯装聋作哑，也可避免自己去找人麻烦，有时还可以变不利为有利，好处甚是不少。

在一辆列车上，一位身着便服的侦查员走进厕所。冷不防，一个艳装妙龄女郎一闪身也挤进了厕所，反手将门关上："先生，把你的手表和钱包给我。否则，我就喊你侮辱我！"

一切来得这么突然。侦查员深知，在厕所里没有其他人，辩解是毫无作用的。稍一迟缓，这个女郎立即会使自己身败名裂。陷入困境的侦查员临机应变，突然张着嘴巴，不停地"啊，啊"，装成一个十足的哑巴，表示不懂女郎说些什么。

女郎为难了，赶忙打手势。侦查员仍然窘急地"啊啊"着。女郎失望了，真倒霉，偏偏碰上了个哑巴！她正想转身离去。此刻，"哑巴"一把抓住女郎，抽出钢笔递给她，打手势请她将刚才说的话写在手上。女郎不禁转忧为喜，接过钢笔就在侦查员的手上写道："把你的手表和钱给我。不给，我就喊你侮辱我！"侦查员翻转手掌，抓住女郎说话了："我是便衣警察，你犯了抢劫罪，这就是铁的证据！"

女郎目瞪口呆……

这位便衣警察就是装聋作哑，靠机智和勇敢战胜了犯罪分子。

在人际交往中，有许多场合都可以使用"装聋作哑"的办法，躲开别人说话的锋芒，然后避实就虚、猛然出击。其技巧关键在于躲闪避让的机智，虽是"装作"，正如实施"苦肉计"一样，却一定要表演得自然。

"装作不知道"，就是指对别人的话装作没有听到或没有听清楚，以便避实就虚、猛然出击的方式。它的特点是，说辩的锋芒主要不在于传递何种信息，而是通过打击、转移对方的说辩兴致使之无法继续设置窘迫局面，化干戈为玉帛，能够寓辩于无形，不战而屈人之兵。

在人际交往中，这种方式的使用场合很多。

（1）可用于挽回"失语"所造成的尴尬局面

"马有失蹄，人有失言"，偶尔失语在语言交际中难免发生，但失语往往是许多矛盾发生和激化的根源。因此，挽回失语，在语言交际中是很有必要的。

例如：实习期间，一位实习生在黑板上刚写了几个字，学生中突然有人叫起来："老师的字比我们李老师的字好看！"

真是语惊四座，稚嫩的学生哪能想到，此时后座的班主任李老师是怎样的尴尬！对这位实习生来说，初上岗位，就碰到这般让人难堪的场面，的确使人头疼，以后怎样同这位班主任共渡实习关呢？转过身来谦虚几句，行吗？不行！这位实习生灵机一动，装作没有听到，继续写了几个字，头也不回地说："不安安静静地看课文，是谁在下边大声喧哗？"

此语一出，使后座的李老师紧张尴尬的神情，顿时轻松多了，尴尬局面也随之消除。

这位实习生在这里就是巧妙地运用装作不知道，避实就虚，避开"称赞"这一实体，装作没有听清楚，而攻击"喧闹"这一现象。既巧妙地告诉那位班主任"我"根本没有听到；又打击了那位学生的称赞兴致，避免了他误认为老师没有听见的可能，再称赞几句从而再次造成尴尬局面。

（2）处理、制止别人的中伤、调侃

朋友之间虽然很要好，有时也会因开玩笑过头，而大动肝火，伤了和气。对于这种情况，不妨巧妙地运用"装作不知道"，给他一个丈二和尚摸不着头脑的怪问。

吴军因身体肥胖，同班的李明、张峰"触景生情"，"冬瓜"长"冬瓜"短地做起买卖来，并时不时拿眼瞅吴军，扮鬼脸。面对拿别人的生理"缺陷"来开过火的玩笑，实在让吴军气愤。欲要制止，这是不打自招；如不管他，却又按捺不住心中的怒火。怎么办呢？

此时吴军稳了稳躁动的情绪，缓缓地走过去，拍着二人的肩膀，轻言细语地问："李明，听说你有1.8米高，恐怕没有吧？"接着又对张峰道："你今天早上吃饭没有？"

听到这般温柔怪诞的问话，兴奋中的二人愣在当头，大眼望小眼，如坠云里雾中。全班同学沉寂了几秒钟，随即迸发出哄堂大笑，二人方明白被愚弄了，刚才有声有色的"买卖"，再也没有兴致继续下去了。

（3）制止别人的挖苦、讽刺

挖苦、讽刺，都是一种用尖酸刻薄的语言，辛辣有力地去贬损、揶揄对方的行为，极易激怒对方。为避免大动肝火，两败俱伤，也可巧妙地运用装作没听明白的方式见机行事。

(4) 补救说话中的错漏、失误

进行即兴演讲，有时会出现这样的情况：演讲者自己也不知为什么，竟说出一句错话，而且马上就意识到了。怎么办呢？倘若遇上这种失误，演讲者不妨装作不知道，然后采用调整语意、改换语气等续接方式予以补救。只要反应敏捷，应变及时，就可以收到不露痕迹的纠错效果。例如，一位公司经理在开业庆典上发表即兴演讲，他这样强调纪律的重要性：公司是统一的整体，它有严格的规章制度，这是铁的纪律，每一个员工都必须自觉遵守。上班迟到、早退、闲聊、乱逛、办事推诿、拖沓、消极、懈怠，都是违反纪律的行为。我们允许这些现象的存在——就等于允许有人拆公司的台，我们能够这样做吗？

这位经理的反应力和应变力是很强的。当他意识到自己把本来想说的"我们绝不允许这些现象的存在"一句话中"绝不"二字漏掉之后，佯作不知，马上循着语言表达的逻辑思路，续补了一句揭示其后果的话，同时用一个反问句结束，增强了演讲的启发性和警示力。这样的续接补救，真可谓顺理成章，天衣无缝。

2. 王顾左右而言他

"王顾左右而言他"是一个历史典故。《孟子·梁惠王下》记载：孟子谓齐宣王曰："王之臣有托其妻子于其友而之楚游者，比其返也，则冻馁其妻子，则如之何？"王曰："弃之。"曰："士师不能治士，则如之何？"王曰："已之。"曰："四境之内不治，则如之何？"王顾左右而言他。

从上述记载可以看出，王顾左右而言他是一种言辩对答的交际应变术。它产生于孟子与齐宣王的一次谈话。孟子问齐宣王，有一个人要到楚国去，将自己的老婆孩子托付给一位朋友照顾，可当这个人从楚国回来时，却看到那位朋友让他的老婆孩子受冻挨饿。对这样的朋友该怎么办？齐宣王说，抛弃他。孟子又问，司法官员管不了他的下级，怎么办？齐宣王说，罢免他。孟子又问，国家治理得不好，怎么办？由于这个问题涉及齐宣王自己的责任，因此，齐宣王左右张望了一下，把话题扯到其他方面去了。后来，人们就把故意转移话题，或以其他言语搪塞、掩饰正题的做法，称作"王顾左右而言他"。

　　王顾左右而言他，在外交应变中运用最为频繁。1945年，在德国投降、欧战结束后，苏联人民委员会主席斯大林、美国继任总统杜鲁门和英国首相丘吉尔，于7月17日至8月2日在德国柏林西南的波茨坦举行会议，进一步商讨战后世界的安排和前苏联对日作战的问题。会议举行的前一天，即7月16日，美国在新墨西哥州的洛斯阿拉莫斯进行首次原子弹爆炸试验成功。杜鲁门带着这张"王牌"参加会议。7月24日，杜鲁门不慌不忙地向斯大林暗示美国已有了原子弹，他向苏联翻译说："请你告诉大元帅，我们已经完善地制造出了威力很大的爆炸物，准备用来打日本，我们想它将使战争结束。"杜鲁门说完后，眼睛盯着斯大林，想看看斯大林对此的反应。然而，斯大林好像没有听懂杜鲁门的话似的，继续谈着其他的话题。其实，斯大林早已知道有关美国制造原子弹的事情，并打听到美国人的进展程度，苏联情报机构已招募到美国曼哈顿计划的主要科学家给苏联提供资料，苏联也正在加紧发展自己的原子弹。斯大林用王顾左右的手法，既使杜鲁门的核恫吓未能奏效，又没有暴露苏联自己研制原子弹的计划。几年之后，苏联的原子弹也研制成功了。

3. 不宜明说的话要含糊些

在交际场合中，有些话不宜明说，此时，避而不答又是一种不尊重，那么，只有含糊其辞，让人摸不准意思，也抓不住把柄。

有一则有趣的寓言可谓典范。

狮王想找个借口，欲吃掉它的三个大臣。于是，它张开大口，叫熊来闻闻它嘴巴里是什么气味。熊老实巴交，据实回答：

"大王，您嘴巴里的气味很难闻，又腥又臭的。"

狮子大怒，说熊侮辱了作为百兽之王的它，罪该万死！于是便猛扑过去，一口把熊咬死并吃掉了。

接着，它又叫猴子来闻，猴子看到了熊的下场，便极力讨好狮子，它说：

"啊！大王，您嘴巴里的气味既像甘醇的酒香，又似上等的香水一样好闻。"

狮子又是大怒，它说猴子太不老实，是个马屁精，一定是国家的祸害。于是又扑过去，把猴子给吞了。

最后，狮子问兔子闻到了什么味。

兔子答道：

"大王，非常抱歉！我最近伤风，鼻子塞住了。现在什么味道也闻不到。大王您如果能让我回家休息几天，等我伤风好了，一定会为您效劳。"

狮子没找到借口，只好放兔子回家，兔子趁机逃之夭夭，保住了小命。

在这种场合中，兔子的回答是机智的，因为此时既不能对狮子嘴巴中的臭气进行肯定，也不能否定，只得含糊其辞，用"伤风"来搪塞。

其实,这则寓言的立足点,还是来自我们的生活。日常生活中,有些话不必说得太死、太具体,反而能更好地达到目的。

顾维钧曾担任驻美公使。有一次,他参加了一个国际舞会,与他一起跳舞的美国小姐突然问他:"请问你是喜欢中国小姐呢还是美国小姐?"

这个问题很不好答,若说喜欢中国小姐,势必得罪了舞伴。如果说喜欢美国小姐,又会有失中国公使的尊严。

顾维钧灵机一动,回答说:"不论中国小姐还是美国小姐,只要喜欢我的人,我都喜欢她。"

模糊语言其实大量存在于我们的日常生活之中,比如我们常说的"等一会儿"、"大约在元旦前后"、"有空一定来"等等,这样就避免了把话说死,留下很大的回旋空间。在外交上,使用模糊语言的机会更多。如"我们对××的事态表示关注"、"我们注意到了××的言论"等等,工作中也常用模糊语言,比如常听到的"最近"、"多数同志"、"基本满意"等等。这样一来,说话便具有很大的弹性,有时能帮你摆脱困境。

4. "没听懂"也是一种口才技巧

在交际场合,学会适当地装糊涂,会收到意想不到的效果。在他人面前做出一个不明白的假相,用以迷惑对方,其实心如明镜,假装没有发现对方的本意,故意把它理解错,用于讽刺对方,给自己找台阶下。

一次,一位男士请一位女士跳舞,那位小姐傲慢地说:"我不能和一个小孩子一起跳舞。"这位先生灵机一动,微笑着说:"对不起,亲爱的小姐,我不知你正怀着孩子。"说完他很有礼貌地鞠躬后离开了她。那位高傲的小姐在众目睽睽之下,无言以对,满脸绯红。

这位先生遭到那位高傲小姐的拒绝，在交际场合是一件非常难堪的事情，可是他却十分聪明，假装不明白小姐说话的内涵，以为她有了孩子，还表示对她十分尊重，这是一个多么大的讽刺！它不仅使那位小姐丢了面子，而且保住了自己的尊严，如果这位先生直接与那位小姐辩理或争吵，不仅不能挽回面子，还会有失他的风度。

在日常交往中，"装糊涂"是一个高明的交际方式，一个人不可处处锋芒太露，这样很容易引起别人的嫉恨，与你树敌的人会越来越多，使你的工作事业无法顺利进行下去。人都愿意与单纯的人交往，过于聪明、机灵的人，人们会加以防范、提高警惕，和你交往时就特别小心、谨慎，害怕被欺骗、被愚弄，如果你装出一副什么都不懂、傻乎乎的样子，虽然精明，却大智若愚，给人以糊涂的假象，人们就会对你放松警惕。在与对手交往中，对手由于不知其中的真相，往往被愚弄。由此，你便轻松地战胜了对手。

有时最高的智慧在于显得一无所知。不必真是白痴，看来像就可以了。你懂得装蠢，你就并不蠢了。这种技巧其实不难：把你的聪明放在"愚蠢"下面，跟没有任何智力一样就是了。

在谈判交战中，表面装糊涂，暗中筹划，蓄而待发，伺机令对方让步或诱使对方上当，是很有效的厚黑招法。有一次，日本航空公司就引进美制飞机的问题与美国某飞机制造厂商进行谈判。为了使日方了解产品的性能，美商做了大量的准备工作：模型、图表、数据、资料和幻灯片。谈判一开始，美方代表口若悬河，滔滔不绝地讲解，日方只是埋头做笔记，一言不发。这样过了几天，等进入实质性谈判时，日方仍对价格等问题一言不发，美方问道："你们认为如何？"日方代表迷惘地回答："我们不明白。""不明白？这是什么意思？"美方有些急躁。日方代表仍很有礼貌地作答："不明白，一切都不明白。"美方代表眼看这项交易将前功尽弃，十分沮丧地说："那么，你们希望我们怎么办？"日方提出："你们可以把全部资料再为我们重新解释一遍吗？"美方不得已，耐着性子又重复了一遍。这样反复几次，结果自然是日本人把价格压到最低点。其实，美国人就是上了"不明白"的当。

装作没听懂是谈判中的一种技巧，日本人在谈判时借此挫掉对手锐气，使对手筋疲力竭，做出让步，达到了自己的目的。

课后练习：为什么口才技巧也得软硬都抓

在有些情况下要想顺利解决问题，只说软话不行，只说硬话也不行，得软硬兼施，让人既心动又有所畏惧，这样问题就迎刃而解了。

老陈从湖南山里出差到武汉，有位年轻同事正准备结婚，想买一台高档进口彩电，便托老陈帮忙带回一台大屏幕彩电。

到武汉后，老陈听说汉正街的货物美价廉，尤其是小孩子的衣服比商场便宜许多。便想先去逛逛汉正街，给小孙子买几件衣服，再到商场替同事看电视机。

到了汉正街，老陈发现这里果然名不虚传。终于替小孙子选了几套衣服。付完钱老陈正准备走，忽然发现钱包不翼而飞了。这下老陈急坏了，包里有同事的几千元钱！明明刚才付款时才拿出来的，怎么可能一下子就不见了呢？刚才旁边也没什么人，只有卖衣服的姑娘和自己两人。老陈仔细地回忆着，心想十有八九是卖衣服的姑娘随手把钱包塞进了衣服堆里。

老陈问姑娘："小同志，看见我的钱包没有？"

姑娘一听，翻了脸："嘿，你是说我拿了？那你去叫警察呀！"

老陈一听，姑娘的口气不对，自己并没有说她拿了，只是询问一下，她这不是"此地无银三百两"吗？

老陈明白，自己只有一个人，一旦离开小摊，赃物转移，那就再也没希望了。如果和她来"硬"的，只会把关系弄僵。于是，他决定来"软"的，他笑了笑说："我也没说是你拿了，是不是忙中出错，把钱包混到衣服堆里去了。"这话很有分寸，给姑娘下台准备了台阶。

这时来人买东西，打断了两人的对话。他摆出了"持久战"的架式，盯着货摊。姑娘显得有些心神不安。

等货摊又只剩他俩时，他压低声音悄悄地说："姑娘，我一下子照顾了你五六十元的生意，你怎么能这样对待我呢？我看你年纪轻轻的，在这个热闹的街道摆摊，一个月收入几百上千，信誉要紧呐！"这话有恳求、有开导，还有暗示，说得姑娘低下了头，显然她在进行思想斗争。

他继续道："这钱是小青年托我带结婚用的东西。要是丢了，我一个工薪阶层，哪里赔得起呀？我这一大把年纪了，还出这种事，叫我怎么有脸回去见人呢！姑娘，你就替我仔细找找吧。"

姑娘终于经不住他的恳求，说："我给你找找看。"

他说："我知道你会帮助我的。"

果然，姑娘就坡下驴，翻了一阵子，在衣服堆里"找"出了钱包，羞答答地还给了他。

软硬兼施的口才艺术在现实生活中应用广泛。上述案例中，老陈一看"硬"的不行，马上改变战术，以软求胜。老陈柔言慢语，不但使钱失而复得，而且挽救了一个几乎沦为小偷的女青年。

四、口才技巧以掌握对方心理为基础

1. 从谈吐中观察人的心理反应

我们在与人交往中，仅从谈吐、用词方面，就可以窥视其内心状况。

谈吐的方式，反映出个人当时的心理状态，越深入交谈，则越能暴露出该人的原本面目。所谓遣词造句，谈吐方式，是探知一个人真正性格和心理的最重要的资料来源。

当话题进行至核心部分时，说话的速度、口气，就是我们探知对方深层心理意识的关键。当然，说话的声调也是不可忽视的要点。

巧妙地分析对方谈话的口气、速度、声调，探究对方的内心正在想些什么，这是增进人际关系的要点。以下我们以三项内容为中心，来做一次综合性的探讨。

（1）不同身份的人有不同的语言

有人说话粗俗下流，有人说话谦虚有理；有人说话内容丰富真实，也有人一派胡言，说话空洞而毫无内容。总之，人通过说话能反映出其拥有的是什么。

高贵、气度非凡者说话谦恭有理，其心理包括了诚实、信赖、优越等，常用文雅的应酬用语。

然而，这类人应分为两种，一种人是口与心相符，一种是口是心非的人。后者很多是外表高贵而内心丑恶的人。

有些人是不愿被对方察觉自己极为掩饰着的欠缺，所以才使用文雅的口气说话。

相反，谈吐粗俗的人具有纯真、单纯、博爱、小心、易变等特性。这种类型的人，无论对上司还是对部下，对同性或异性，仍不改其谈吐风格，他所喜欢的则永远喜欢到底，对讨厌者也讨厌到最后。

此外，在初次见面的情况下，这种人好恶的表现也相当明显。不是表现得很不耐烦，就是突然地亲热若多年挚友。其表现出的意志完全掩盖对自我的所有小心性。

除此之外，说话带哭、带泪的人，依赖性非常强烈。这种人任性，但外表似乎和蔼可亲，善交际，善奉承，大多属于不受欢迎的角色。

好掉泪的人当中，有的具有负面的特性，也即俗话说的"劣根性"。如某地有一个乞丐村，男女老少都走南闯北乞讨，他们有一个百试百灵的看家本领，就是赖在人家的门外，以半哭半泣的声调，打动人们的恻隐之心，以达到赚钱的目的。这种类型的人，其态度是一辈子都改不了的。

不听对方说话，只顾自己滔滔不绝、口沫横飞的人，属于强硬类型，这种人只要在说话的时候，别人肯"嗯、嗯"地静静听他说，就可以得到他绝对的好感。但因自尊心太强，经常好抢先一步是其一大缺点。

也有不善言辞的人，这一类型以无法巧妙地表达自己想要说的话，或缺乏表现力的人较多。同时，他们中思考深沉、谨小慎微、度量窄的人也不少。欠缺智慧以及精神上有缺陷的人也较多。他们中有许多人可以克服自我而站立起来，只要他有自信心。

（2）说话快与慢可以推测人的性格

与人说话的声调和速度非常重要，可以从中观察出一个人的心理。

要是对方说话的速度较慢，表示他对你略有不满，相反，速度很快的话，则又是他在人前抱有自卑感或话里有诈的证据。

突然地快速急辩也是同样的心理。例如，罪犯在说谎时，根本不听他人在说什么，立刻滔滔不绝地为自己辩护，因为他们有不为人知的秘密藏在心里。

也有人说着说着突然提高了音调："连这个都不懂，这个连小学生都会的你也不懂！"像这样恶形恶状的呐喊，是在期望别人一如自己所愿般地服从；相反地，假如音调低声下气的话，则是自卑感重，胆小或说谎的表现。

说话抑扬顿挫激烈变化的人也有，这种人有明显的说服力，给予人善于言词表达的感觉，但这也是自我显示欲望强烈的证据。

小声说话，言词闪烁的人具有共通的特点，如果不是对自己没有自信的话，就是属于女性性格，和低声下气说话类型的人心理相似。

也有人一个话题绕个没完扯个不停，假如你想阻止他继续说下去，就算是明白地表示："我已经了解你要说的意思了！"他却仍是不想停下来的样子。这种说话法是害怕对方反驳的证据。

也有的人随便附和帮腔，例如："你说得不错……"，"说得是嘛……"等等，在一旁附和对方，这种人根本不理解我们在说些什么，同时对话的内容也一窍不通。如果你说话时，有人在一旁当应声虫，你必须明白这一点才行。要是你误以为对方了解你的谈话，那你就变成丑角了。

（3）从遣词用句可以看出为人

每个人说话都有一定的特点和习惯，常用的词语与字眼，往往反映出说话者的为人性格。

有人在谈话中喜欢用："在下……"这种人属幼儿性以及女性性格的人；而常使用"我……"的人，则是自我显示欲强烈的人。

在对话中，大量掺杂外文的人，在知识方面的能力相当广泛，但也可能是一知半解，借此显示自己的学识。

也有人喜欢用"我认为……"的口气，这种人在理论方面很慎重，但也有胆小的一面，其对人的警戒心和调查能力也相当优越。初见之下，似乎和蔼可亲，而当我们放心地与其亲近时，他又摆出一副冷若冰霜、瞧不起人的姿态，所以和这种人相处需要相当慎重。

除此以外，在女人面前立刻表现出驯良亲密的态度，或露骨地说出性方面用语的人也不少。在女性面前，突然以谨慎恭敬的口气说话的男人，都属于性方面有双重性格的人，这种人通常在职业上经常被压抑，以学者、医生等脑力劳动者居多。

说话中从不涉及性方面用语的人，则是绷着面孔的道学者类型，与这种人交往，更应特别小心。

2. 拒绝别人需要讲究策略

对于他人的话，人们总是会表现出情感反应。如果先说让人高兴的话，即使马上接着说些使人生气的话，对方也能以欣然的表情继续听。利用这种方法，可以击退不喜欢的对象。

有一个乐师，被熟人邀请到某夜总会乐队工作。乐师嫌薪水低，打算立即拒绝。但想起以往受过对方照顾，不便断然拒绝。他心生一计，先说些笑话，然后一本正经地说："如果能使夜总会生意兴隆，即使奉献生命，在下也在所不辞。"

此时夜总会老板自然还是一副笑脸，乐师抓住机会立刻板起面孔说："你觉得什么地方好笑？我知道你笑我，你看扁我，不尊重我，这次协议不用再提，再见！"

这样，乐师假装生气，转身便走，老板却不知该如何待他，虽生悔意，但为时已晚。

因此，面对不喜欢的对象，要出其不意地敲他一下，以便打退对方。若缺乏机会，不妨参照上例，制造机会，先使对方兴高采烈，然后趁对方缺乏心理准备，脸上仍在笑嘻嘻时，找到借口及时退出，达到拒绝的目的。

一位名叫金六郎的青年去拜访本田宗一郎，想将一块地产卖给他。

本田宗一郎很认真地听着金六郎的讲话，只是暂时没有发言。

本田宗一郎听完金六郎的陈述后，并没有做出"买"或者"不买"的直接回答。而是在桌子上拿起一些类似纤维的东西给金六郎看，并说："你知道这是什么东西吗？"

"不知道。"金六郎回答。

"这是一种新发现的材料，我想用它来做本田宗一郎汽车的外壳。"

本田宗一郎详详细细地向金六郎讲述了一遍。

本田宗一郎共讲了15分钟之多。谈论了这种新型汽车制造材料的来历和好处，又诚诚恳恳地讲了他明年的汽车拟采取何种新的计划。这些内容使得金六郎摸不着头脑，但感到十分愉快。本田宗一郎送走金六郎时，才顺便说了一句，他不想买他的那块地。

如果本田宗一郎一开始就将自己的想法告诉金六郎，金六郎一定会问个究竟，并想方设法劝说本田宗一郎，让他买下这块地。本田宗一郎不直接言明的理由正是如此，他不想与金六郎为此争辩什么。

拒绝对方的提议时，最好采用毫不触及话题具体内容的抽象说法。

日本成功学大师多湖辉说的这个故事发生在20世纪60年代末的学运中。某大学的教室里正在上课时，一群学运积极分子闯了进来，使上课的教授先生手足无措。当着班上学生的面，教授想显示一点宽容和善解人意的风度，就决定先听一下学生讲些什么之后再去说服他们。

结果与他的善良想法完全相反，学生们乘势向他提出许许多多的问题，把课堂搅得一团糟，再也上不成课了。并且这之后只要他上课就有激进派的学生出现在课堂上，就这样日无宁日地持续了一年。

从这一教训中，教授悟到一条法则，即若无意接受对方，最好别想去说服他，对方一开口就应该阻止他："你们这是妨碍教学，赶快从教室里出去，与课堂无关的事，让我们课后再说！"

假如再发生一次同样的事，教授先生能否应付？就算他显示出了拒绝的态度，学生也会毫不理会地攻击他吧！如果一点儿也不去听学生的质问，一开始就刹住话头，至少不会给对方以可乘之机，也不至于弄得一年时间都上不好课！

3. 用幽默拉近你和他人之间的距离

我们在个人生活中，总是不断地、交替地扮演着主人和客人的角色，因此我们有可能要去应付不合理的要求、令人不快的行为或者闹得不像话的场面。有人想平息餐桌上的争论，他提了一个十分意外的问题："诸位，刚才是一道什么菜？大概是鸡！""是的。"一位客人回答。"一定是公鸡！"这人一本正经地说，"原来是鸡在作祟，难怪大家要斗起来。"说完他举起酒杯："来点儿灭火剂吧，诸位！"一场餐桌上的征战顷刻间平息了。

有时候为了化解困境，没有任何合适的方式，只有依靠幽默的力量。

当百货公司大拍卖，购货的人又推又挤的时候，每个人的脾气都犹如枪弹上膛，一触即发。有一位女士愤愤地对结账小姐说："幸好我没打算在你们这儿找'礼貌'，在这儿根本找不到。"结账小姐沉默了一会儿，说："你可不可以让我看看你的样品？"那位女士愣了片刻，笑了。

作家欧希金也曾以幽默摆脱了一次困境。他在他的《夫人》一书中，写到了美容产品大王卢宾丝坦女士。后来在一次他自己举行的家宴中，一位客人不断地批评他，说他不应该写这种女人，因为她的祖先烧死了圣女贞德。其他客人都觉得很窘，几度想改变话题，但是都没有成功。谈话越来越令人受不了，最后欧希金自己说："好吧，那件事总得有个人来做，现在你差不多也要把我烧死啦。"这句话马上使他从窘境中脱身出来，随后他又加上一句妙语："作家都是他的人物的奴隶，真是罪该万死！"

每一个有经验的官员都知道，要使身边的下属能够和自己齐心合作，就有必要将自己的形象人性化。

有一位年轻人新近当上了董事长。上任第一天，他召集公司职员开会。他自我介绍说:"我是杰利,是你们的董事长。"然后打趣道:"我生来就是个领导人物,因为我是公司前董事长的儿子。"参加会议的人都笑了,他自己也笑了起来。他以幽默来证明他能以公正的态度来看待自己的地位,并对之具有充满人情味的理解。实际上他委婉地表示了:正因为如此,我更要跟你们一起好好地干,让你们改变对我的看法。

有时我们确实需要以有趣并有效的方式来表达人情味,给人们提供某种关怀、情感和温暖。据说有位大法官,他寓所隔壁有个音乐迷,常常把电唱机的音量放大到使人难以忍受的程度。这位法官无法休息,便拿着一把斧子,来到邻居门口。他说:"我来修修你的电唱机。"音乐迷吓了一跳,急忙表示抱歉。法官说:"该抱歉的是我,你可别到法庭去告我,瞧,我把凶器都带来了。"说完两人像朋友一样笑开了。

这位法官并不是想把邻居的电唱机砸坏。他是恰当地表达了对邻居的不满——请注意:是对音响而不是对人——他的行为似乎是对音乐迷说:"我们是朋友,我希望和你好好相处,至于唱机是唱机,可以修理一下。"当然,所谓"修理"只是把唱机的声音开低些罢了。

某大公司的董事长和财税局长有矛盾,双方很难心平气和地坐在一起,可是又必须把他们都请来参加一个重要的会议。他们不得不来了,但是双方都视而不见,犹如两个瞎子。这时会议主持人抓住他们的矛盾,进行了一瞬间的趣味思考。他向人们介绍这位董事长时说:"下一位演讲的先生不用我介绍,但是他的确需要一个好的税务律师。"听众爆发出一阵大笑,董事长和财税局长也都笑了。

这就是"趣味思考法"——不要正面揭示或回答问题,而是用愉悦的、迂回的方式揭示或回答问题。著名足球教练罗克尼,也是个善于进行趣味思考的人。有一次球赛,罗克尼的诺特丹足球队在上半场输给威斯康星队7分。可是他在休息室中一直与队员们开玩笑,直到要上场进行下半场比赛时,他才大喊:"听着!"队员们惊惶失措地望着他,以为他要把每一个人都大骂一通。但是罗克尼接下去说:"好吧。小姐们，走吧。"没有责备，没有放马后炮，也没有指手画脚强调下半场如何踢球。罗克尼的乐观、豁达，克服了队员们心理上的障碍，帮助他们忘掉艰难的处境。他的队在下半场创造了奇迹，踢出了一连串漂亮的、近乎幽默的球。后来罗克尼对采访他的人说："不是我赢了。而是我的趣味思考法赢了。因为我知道我们精神上赢了，那么球也赢了。"

幽默作家班奇利，在一篇文章中谦虚地谈到他花了15年时间才发现自己没有写作的才能。结果一位读者来信对他说："你现在改行还来得及。"班奇利回信说："亲爱的，来不及了。我已无法放弃写作了，因为我太有名了。"这封信后来被刊登在报纸上，人们为之笑了很长时间。事实是班奇利的幽默作品闻名遐迩，但他没有指责那位缺乏幽默感的读者。他以令人愉悦的、迂回的方式回答了问题，既保护了读者可爱的自尊心，也保护了自己的荣誉。

如果你对自己幽默的手法没有足够的自信，不妨学学孩子式的幽默。即使在50岁以后，我们也经常为孩子们由天真而产生的幽默所感动。他们是真正以坦诚待人，不会隐瞒任何事实的人。当他们毫不掩饰地道出心里想的或事实真相时，人们一下子就会喜欢上他们，跟他们在一起会感到比跟任何人在一起都无法感到的轻松、愉快。

有一次，李卡克在家里请几位朋友吃饭。朋友来了，他妻子要他的小女儿向客人说几句欢迎的话。她不愿意，说："我不知道要说些什么话。"这时一位来做客的朋友建议："你听到妈妈说什么，你就说什么好了。"他女儿点点头，说："老天！我为什么要花钱请客？我们的钱都流到哪儿去了？"李卡克的朋友们大笑起来，连他妻子也不好意思地笑了。

这就是孩子式的幽默。他女儿把母亲的想法以极纯真的方式说了出来，使大人们也不得不认真地检讨一下自己的想法，同时也减轻了我们对金钱方面的忧虑。李卡克从中得到了一点东西：孩子式的幽默能使我们显得格外真诚。

为了取得理想的效果，幽默时要特别注意以下两点：

一是幽默必须真实而自然。

我们经常看到和听到一些政治家们的幽默言行。他们大多把幽默的力量运用得十分自如、真实而自然。没有耸人听闻,也不哗众取宠,更不是做戏。这是因为,他们都知道太精于说妙语和笑话,对个人的形象并无帮助。

但是有的政治家就不那么高明了,他们摇头摆尾,手势又多又复杂。有的人智力平平,却非要附庸风雅,企图以成串的笑料和廉价的笑来博得听众的欢心。他们硬要把自己塞进别人的肚子里,不顾别人是不是有这个胃口。

结果也许是真的引起了笑,但很可能是笑他形象的滑稽和为人的浅薄。

芝加哥有个人,他一心想得到某俱乐部主席的位置。他在一次对俱乐部成员的演说中,表现过了头,在不到两小时的演说过程中,他至少说了50则笑话,并配以丰富的表情和确实引人发笑的手势,听众们被逗得哈哈大笑。末了,在他讲完最后一则笑话时,有人大叫"再来一个!"

这位老兄也真的再来了一个,再次把人逗得疯狂大笑。但是他没有当上俱乐部主席,他的票数是候选人中的倒数第二。

当他闷闷不乐地走出俱乐部时,他问那位喊"再来一个"的听众:"你说我比他们差吗?"

"不,一点儿也不差,"那人说,"你比他们有趣多了,你可以去当喜剧演员。"

二是敢笑自己的人才有权利开别人的玩笑。

海利·福斯第说:"笑的金科玉律是,不论你想笑别人怎样,先笑你自己。"

笑自己的观念、遭遇、缺点乃至失误。有时候还要笑笑自己的狼狈处境。每一个迈进政界的人得有随时挨人"打"的心理准备,如果缺乏笑自己的反馈功能,那么他最好还是干自己的老本行去。

有人对一位公司董事长颇反感，他在一次公司职员聚会上，突然问董事长："先生，你刚才那么得意，是不是因为当了公司董事长？"

这位董事长立刻回答说："是的，我得意是因为我当了董事长。这样我就可以实现从前的梦想，亲一亲董事长夫人的芳容。"

董事长敏捷地接过对方取笑自己的目标，让它对准自己，于是他获得了一片笑声，连那位发难的人也忍不住笑了。

许多著名人物，特别是演员，都以取笑自己来达到双方完满的沟通。他们利用一般人认为并不好看的外貌特征来开自己个玩笑。如玛莎蕃伊的"大嘴巴"。还有一位发胖的女演员，拿自己的体态开玩笑说："我不敢穿上白色泳衣去海边游泳。我一去，飞过上空的美国空军一定会大为紧张，以为他们发现了古巴。"

人们没有理由不喜欢这样的人。如果今后他们拿我们开玩笑时，我们只能同他们一起哈哈大笑，而没有半点怨言。

笑自己的长相，或笑自己做得不太漂亮的事情，会使你变得较有人性。如果你碰巧长得英俊或美丽，要感谢祖先的赏赐。同时也不妨让人轻松一下，试着找找自己的缺点。如果你真的没有什么有趣味的缺点，就去虚构一个，缺点通常不难找到。

4. 谈吐幽默的方法和实用技巧

做到说话幽默不容易，但也并非无规律可循。

（1）对比是形成幽默的基本方法之一

通过对比可以揭示事物的不一致性，使用对比句是逗笑的极好方法。古罗马政治家西塞罗就常用这一方法，比如：

"先生们，我这个人什么都不缺，除了财富与美德。"

（2）反复也可以成为一种幽默技巧

反复申说同一语句，能够产生不协调气氛，从而获得幽默效果。比如牛群的一段著名相声中的"领导冒号"。

（3）故意啰嗦

画蛇添足也能引人发笑。如马季的相声名段《打电话》，主要用的就是这种技巧。

（4）巧用歇后语

歇后语也是一种转折形式，它分为前后两部分，前面部分一出，造成悬念，后面部分翻转，产生突变，"紧张"从笑中得到宣泄。如："三九天穿裙子——美丽动（冻）人。"

（5）倒置

通过语言材料变通使用，把正常情况下人物关系，本末、先后、尊卑关系等在一定条件下互换位置，能够产生强烈的幽默效果。如有语字的倒置，"连说都不会话"。

（6）倒引

比较常用的幽默方法是倒引，即引用对方言论时，能以其人之语还治其人之身。如老师对吵闹不休的女学生说：

"两个女子等于一千只鸭子。"

不久，师母来校，一个女学生赶忙向老师报告："先生，外面有五百只鸭子找您。"

（7）转移

当一个表达方式原是用本义，而在特定条件下扭曲成另外的意义时，于是便获得幽默效果。

空中小姐用和谐悦耳的声音对旅客命令道：

"把烟灭掉，把安全带系好。"

所有的旅客都按照空中小姐的吩咐做了。过了5分钟后，空中小姐用比前次还优美的声音又命令道：

"再把安全带系紧点儿吧，很不幸，我们飞机上忘了带食品。"

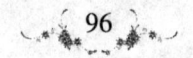

(8) 夸张

运用丰富的想象，把话说得夸张些，也能收到幽默效果。大家比较熟悉的幽默"心不在焉的教授"，也是运用了夸张这一手法的。

教授："为了更确切地讲解青蛙的内脏结构，我给你们看两只解剖好了的青蛙，请大家仔细观察。"

学生："教授！这是两块三明治面包和一只鸡蛋。"

教授（惊讶地）："我可以肯定，我已经吃过午餐了，但是那两只解剖好的青蛙呢？"

(9) 天真

弗洛伊德就曾把天真看成是最能令人接受的滑稽的形式。

一位妇人抱着一个小孩走进银行。小孩手里拿着一块面包直伸过去送给出纳员吃。出纳员微笑着摇了摇头。"不要这样，乖乖，不要这样。"那个妇人对小孩子说，然后回过头来对出纳员说，"真对不起，请你原谅他，因为他刚刚去过动物园。"

语言幽默的方法还有很多，诸如比喻、转折、双关、故作曲解、故作天真、谐称等也都为人们所喜闻乐见。

课后练习：怎样在谈话时制造共同话题

当一个人试图与对方交谈时，最先需要选择的就是谈话的主题。通俗地讲，就是你要与对方谈什么，从什么话题开始交谈。如果你常常觉得与人谈话很吃力，恐怕最重要的原因，就是你对应该讲什么话这个问题有很深的误解。

人们对交谈有一个最普遍的误解是：以为只有那些最不平凡的事件才是值得谈的。这样的结果使他们把彼此的交谈搞得索然无味。他们在搜肠刮肚地寻找重大事件的同时，却忽略了谈话本身所应具有的意义。你是否有过这样的体会，当你见到熟人的时候，你在脑子里苦苦地搜索，想找一些怪诞的奇闻、惊心动魄的事件，或是令人神往的经历，以及令人兴奋刺激的事情。

自然，这一类事情是一般人最感兴趣的了。能够在谈话的时候，讲出这样动听的事情，无论对听的人，还是对讲的人，都是一种满足。

但是，这一类的事情在我们的生活中毕竟不多。有些轰动社会的新闻，是用不着你来说别人就已经听说过的。即使是你亲身经历过的比较特殊的事情，也不必到处一讲再讲。此外，你在某一个场合讲很受欢迎的故事，在另外一些人面前就不一定受欢迎。因此，你若认为只有那些最不平凡的事情才值得谈，那你就会经常觉得无话可谈了。

其实，人们除了爱听一些奇闻轶事以外，也很愿意和朋友们谈一些有关日常生活的普通话题。比如，小孩子长大了，要进哪一所学校比较好啦，花木被虫子咬了应该买哪一种杀虫药啦，这个周末有什么好电影看啦，等等，这些都是良好的谈话题材，也都能使谈话双方感到有兴趣。总之，当你选择谈话的主题时，你要了解对方是否对此感兴趣，对方所具备的知识和经验是否能够将这次谈话进行到底。如果你能做到这一点，那么，你就可以称得上是一个优秀的谈话者。

五、在紧急情况下说话如何做到随机应变

1. 面对窘境的应变说话技巧

在人们交际的过程中，一定有各种各样的人。比如说文化层次的不同，有人是目不识丁的文盲，有人是博学多才的教授。知识水平不同的人，表达同样的意思，说出的话却大不相同。同样，他们对同样一句话

的理解也不大相同。我们常常听到"三句话不离本行"这样的话，如果能针对各种人的知识水平和知识结构而采取相应的应变方式与他们对话，自然会取得良好的效果。古往今来，以口齿伶俐、铜嘴铁舌化险为夷的例子真不少。针锋相对需要敏捷的口才，如果处理得当，可以抓住机会，"以其人之道，还治其人之身"。不但保持了自己的人格尊严，还能使对方狼狈不堪而再也不能轻辱于你。

生活中，总会出现一些令人意想不到的事情。因为交际双方是一种积极的参与，而非刻板、机械的迎合，所以交际情景也会不断地发生变化。面对变化着的情景，尤其是仓促而至的窘境，需要我们调动一切可以调动的语言表达手段，以达到自己想要达到的交际目的，明话暗说就是很有效的一种。

首先是自嘲式的明话暗说。在交际中，有时会碰上因为自身的缺点或其他原因而出现的尴尬事，要是你懂得"自嘲"，巧妙地"揭自己的短"，反而会使自己从败中求胜，树立良好的交际形象。

麦克阿瑟一贯以傲慢著称。有一次，杜鲁门会见他时，他不慌不忙地取出烟斗，装好烟丝，取出火柴准备点燃的时候，才问杜鲁门："我抽烟你不介意吧？"

麦克阿瑟显然并不是真心征求杜鲁门的意见，这使杜鲁门十分难堪。因为如果现在表示很介意的话会显得有点霸道。

此时，杜鲁门看了看麦克阿瑟，说："抽吧！将军，别人喷到我脸上的烟雾，要比喷在任何美国人脸上的烟雾都多。"

杜鲁门的这番自嘲，不但自尊心得到保护，而且还向美国人显示了他的大度与宽容。还有，他把自己摆在"受害者"的地位上，可博得美国大众的同情与支持。

其次是借物说事式的明话暗说。在交际中，常可以利用身边的实物来说明某种道理或者摆脱困境，或以某件能与话题搭上关系的物品来进行对比，达到一种形象化的效果。

在民间，有一则关于蒲松龄的传说：

有一次，蒲松龄到王大官人家去做客，被众人推到了上座，但独眼的管家却从下席开始斟酒，有意把他冷落在一旁不管。王大官人也想故意捉弄他，端起酒杯朝他说："蒲先生，喝呀！"

蒲松龄端坐不动，他笑着说："大家先别急着喝酒，我说个笑话给大家助助兴。我刚出门时，碰到内人正用针在缝衣服，就以针为题即兴做诗一首，现在念给大家听听：'一头尖尖一头扁，扁间只有一只眼。独眼只把衣裳认，听凭主人来使唤。'"

大家听了，一齐朝独眼管家看去，强忍笑意，大声叫好。这样一来，反而使王大官人及其管家狼狈不堪。

蒲松龄借用了针的形象，尖锐地讽刺了想为难自己的王大官人及其家人，不但保全了自己的尊严，也让捉弄自己的交际对象"搬起石头砸了自己的脚"。

生活与工作中，你也可以假身旁之物摆脱困境，让左右为难的自己找到台阶下。

如果某人在你的办公桌前滔滔不绝，而你却不能耽搁太多的时间。如喋喋不休的人是下属或是朋友那还好办，偏偏又是得罪不起的人物，你怎么办呢？

你可以写个纸条给同事小林："到隔壁的办公室打个电话给我。"

用不了几分钟，电话响了。你可以大声说："什么，马上去！这儿有位很重要的客人，什么？不去不行？那……好吧。"

一般来说，那位牢骚不已的来客会示意你，赶快去。如果他没这么说，你也可以假装满心歉意，送走来客且不会伤了他那可怜的自尊。

如果把这事看成电影中的某片断，那么，电话则是最理想的道具。这么做，既不损人又利己，实为最佳解决办法。

作为女性，经常有男士的邀请，如果想拒绝又不伤对方的心，办法有许多种，借物脱困无疑是其中的妙着之一。

例如，有位男士走到你面前，说了一句："欢迎你参加！"然后就把一张入场券递给你。这时你想拒绝他，又要让他下得了台阶。你可从皮包里拿出笔记本，打开一看，不论看到什么，都可说："哎呀！我和小王小张约好今天去购物，你只有和别人同去了，不过还是很谢谢你。"

使用笔记本，给人以上面记着你的时间安排的错觉，婉言拒绝了对方，达到了自己的交际目的。

还有拆词换字式的明话暗说。在说话时，如果把一些完整的词拆下来讲，可以表达出另外一种意义。

一次，一位大学教师在课堂上讲课时对现在的某些状况进行评论。突然，一位学生发问道："现在人们对'官倒'与'私倒'恨之入骨。但如何区别'官倒'与'私倒'？"

那位教师稍加思索，答道："'官倒'与'私倒'的区别在于：对于前者，国家国家，国即是家；对于后者，国家国家，家即是国。"

如此作答，妙不可言，赢得了满堂喝彩。

这位教师把"国家"二字拆开，把复杂的问题简单化，很好地阐释了那一组概念。

拆词换字常是对某词的拆解而重新组合或者对对方的话稍加改造，获得了与原意迥然不同的意思，从而掌握了对话中的主动权。

2. 繁话简说的应变说话技巧

有时你面对一个突发事件或一个刁钻的问题，不知所措固然不行，试图一五一十地把问题解释清楚也不是一个好办法。这时最好面不改色心不跳，同时迅速做出反应，以简单而又能避其锋芒的语言予以化解。

1972年5月，在维也纳一次记者招待会上，《纽约时报》记者马克斯·弗兰克尔就出访美苏会谈的"程序性问题"采访基辛格。

"到时，你是打算点点滴滴地宣布呢，还是来个倾盆大雨，成批地发表声明呢？"

基辛格回答："我打算点点滴滴地发表成批声明。"全场顿时哄然大笑。

那位记者发问的方式是选择提问，如果基辛格照他那样选择其中一个来回答的话，都不算是妥当的。基辛格巧妙地使用模糊语言，机智地摆脱了尴尬的困境。

我们不可能梦想有一种完美、和谐、符合逻辑的人际关系的存在。现实中，每个人都会经常遇到一些无法料到的困境，譬如说失言、恶意谣言、被冒犯等等。

当你拿起一件精美的装饰品，问主人关于它的来历时，主人回答说："这是我曾祖母的遗物。"这时，你却不小心把它掉落在地上打得粉碎；当你应邀参加一个家庭宴会穿得西装革履，有头有脸，而其他人却是简单的便服时；当你在人前发表高论，人们却在小声散布谣言时⋯⋯

这些事情显然令你面子上非常难堪，你不能够视若无睹，而应该及时补救，以摆脱尴尬的困境。

在第一种情况下，你应向主人道歉，相信他会谅解你的失手。然后，你第二天就到商店寻购礼物，直到找到合意的为止，把它送给他，并附上一封短笺说明你知道这不能弥补被你损坏之物，但你希望他能喜欢它。

对第二种情况，为了更好地融洽当时的环境气氛，你可以脱去外套，并表示你必须参加另外一个约会，又必须及时到达，这样可以免去更衣的时间。

至于第三种情况，明智的做法就是不加理睬，继续你的发言。就算是下来之后，也不要辩解，因为你越是在公开场合为自己辩解，人们就会越相信那些谣言，真是越抹越黑。有许多很有才气的人，都是被恶意的指控所陷害，又拼命去解释，结果是跳进黄河也洗不清。因为只要你一开始顶嘴，马上会丧失别人对你的同情和支持。

有一次，英国著名戏剧家萧伯纳寄给丘吉尔两张戏票，并附了一张纸条："来看我的戏吧，带上一个朋友，如果您有一个朋友的话。"

丘吉尔回复："我很忙，不能去看首场演出，请给我第二场的票，如果你的戏会演第二场的话。"

丘吉尔好像总是受到来自各方的恶言攻击。一次会议上，一个女议员恨恨地对他说："如果我是你的妻子，就在你的咖啡里放上毒药。"

丘吉尔马上说："如果我是你的丈夫，我就马上把它喝下去。"

面对无礼的冲撞，要掌握这样的应变技巧：

（1）探求出口伤人背后的原因。出言不逊的人，内心往往有许多痛苦要发泄。如果你猜不出他有什么真正的烦恼，不妨问问。记住，对方说的尖酸话不一定都是冲着你来的，因此，不妨退一步，想想他这样做是否有其他原因。

（2）分析说话本身是否真的含有恶意，抑或是自己神经过敏。

（3）勇敢面对口出恶言者，不要回避。

（4）一笑了之，开点儿玩笑对付侮辱你的话。

（5）通过某一举动来警告对方，令他自动停止恶言。

（6）不予理会，人家说什么，你不要马上动怒，可以顺着他的意思说下去，令他的话落空。

（7）假装懒得理会。人最怕别人认为他无聊讨厌，你可以假装不感兴趣，眨眨眼、打个呵欠，然后用一副"懒得理会"的表情望向别处。

（8）你不可能完全避免受到尖酸话的攻击，试试把一些伤人的话作为人们失意时的正常发泄，而失意是人人都会有的。我们大多数人都会尽量不去侮辱人，不过偶尔也会犯错。

失言，是容易被人谅解的，因为有很多是出于无意的。正所谓"马有漏蹄，人有失言"。在日常交谈中，难免说滑了嘴，出现了纰漏而使自己陷入窘境。

我的一位好友曾有过这样的经历：他在一次会议上和一位要人谈话，为了使谈话活泼轻松，于是很随意地说道："看那一位穿圆点花衣服的女人，看到她我就反胃！"

没想到对方这样说："那是我的太太。"

可想而知，当时我的朋友听到这话时的处境是多么无地自容。后来他跟我提起，表示他一回想起这件事来心里就有点儿发毛。

这也难怪，这样的窘境总是特别地难以补救，但并不是所有的困境都是这样。

果戈理有一句话："理智是最高的才能，但是如果不克制感情，它就不可能获胜。"如果说，我们在遇到尴尬的局面时都是心慌意乱，不能控制自己的感情的话，在这种特殊的场合下自然会穷于应付。这时，我们不妨来个将错就错。

清代著名学者纪晓岚思绪快捷灵巧，机智过人。有一次，乾隆想开个玩笑为难纪晓岚，便问他："纪卿，忠孝怎么解释？"

纪晓岚答："君要臣死，臣不得不死，为忠。"

乾隆立即说："我以君的身份命你现在去死！"

"这……"纪晓岚没料到他竟然会这么说，"臣领旨！"

"你打算怎样死？"

"跳河。"

"好，去吧！"

但纪晓岚走了一会儿，又跑回来了。

乾隆问："纪卿，你怎么没死？"

纪晓岚答："臣碰到了屈原，他不让臣死。"

"此话怎讲？"

"我到河边，正要往下跳时，屈大夫从水里出来，拍着我的肩膀说：

'晓岚，这就不对了，想当年楚王是昏君，我不得不死。你应该先问问当今皇上是不是昏君，如果皇上说是，你再死不迟啊！"

就凭这一句话，不仅抑制了皇帝的"圣旨"，也化解了困境。

罗斯福在当选美国总统前，曾在海军任要职，一次他的朋友问他关于某军事基地的计划，这是个很让人为难的问题。

当时罗斯福环顾一下四周，低声问："你能保密吗？"

朋友赶紧说："当然能。"

罗斯福松了一口气："那么，我也能。"

一场尴尬就在轻松幽默中消失。

或许人人都有好奇心，他们有时会问一些根本就不适合问的问题，也许他们是无意的，但你却可以不答。比如说，一些很私人化的问题，一些涉及某方面的机密问题等。

但不管是有意的还是无意的，假如你较重地伤害了别人，应立即承认并向别人道歉，并做自我批评，希望得到宽容，然后闭口不语，不要在其余时间再去谈论这件事。

而我们对于别人的冒失，也应表示不在意，并迅速和尽可能地使他感到自然。

3. 以变应变的说话技巧

生活中我们常会遇到一些争端，这些争端以常法去解决往往不能轻易解决，这时候换一种思路，找到能消除障碍的法宝，让他想争也争不起来，问题自然迎刃而解。

刘复才为江夏县知事，为人极为敏捷，常常在两方争执不下之际，他用一两句话就给双方打了圆场。都督张之洞和抚军谭继洵平时意见就不太一致。这天，刘复才在黄鹤楼设宴，二公及其他客人都在座。酒过三巡,诸位都有不少醉意了。忽然,一位客人不知怎么谈起了武汉江面有多宽的问题。谭继洵说有五里三分宽,他的话音未落,张之洞就说道:"不对!我记得确实,是七里三分宽。"

两人顿时争执起来,互不相让,旁边坐着的诸位客人劝说也无济于事,只好任由他俩争执。

刘复才坐在末座,看见席间这番争执,感到情况不好,继续争下去,搞得不欢而散可就糟了。他急中生智,徐徐举起手来,说道:"江面水涨,则宽七里三分。水落,则五里三分宽了。张公是就水涨时说的,谭公则是就水落时说的。两位先生都没有错。"

张之洞和谭继洵听到这话,顿时哈哈大笑起来,席间顿时恢复了原有的轻松气氛。

旁座的诸客都为刘复才的片语解纷的机敏而折服。

人间需要"和事佬"。有机会充当这样的角色,是很有意义的事。有时候,双方陷入僵局,相持不下,顾及脸面,谁也不愿做个高姿态,给对方一个台阶。这时"和事佬"就大有用武之地了。"和事佬"最高超的功夫,就是"打圆场"。

所谓"打圆场",是指交际人双方争吵或处于尴尬境地时,由和事佬出面站在第三者角度进行调解。打圆场近似于捧场,同是圆滑乖巧之为,但它没有捧场那般肉麻,而且在了结现实矛盾、平息事端的功效上,都比捧场高上一筹。"打圆场"运用得好,可以融洽气氛,联络感情,消除误会,缓和矛盾,平息事端,还有利于应付尴尬,打破僵局,解决问题。

凡事都有诀窍,说服人也有说服人的学问。归纳起来,领导者在工作中说服人的学问主要有以下几点:

(1) 说明真情,引导自省

当双方为某件小事争论不休、各说一套、互不相让、纠缠不休时,无论对哪一方进行褒贬过份的表态,都犹如火上浇油,甚至会引火烧身，不利于争端的平息。因此，此时只能比较客观地将事情的真相说清楚，而不加任何评论，让双方消除误会，从事实中反省自己的缺点或错误，引导他们各自多做自我批评，使矛盾得到解决，达到团结的目的。

（2）岔开话题，转移注意力

如果属非原则性的争论，双方各执己见，而这场争论又没有必要再继续下去。不妨岔开话题，转移争论双方的注意力。

（3）归纳精华，公正评价

假如争论的问题有较大的异议而双方又都有偏颇，眼看观点越来越接近，但由于自尊心，双方又都不肯服输，不妨将双方见解的精华归纳出来，也将双方的糟粕整理出来，做出公正评论，阐述较为全面的双方都能接受的意见。这样，就把争论引导到理论的探讨、观点的统一上来了。

（4）调虎离山，暂熄战火

有的争论，发展下去就成了争吵，甚至导致大动干戈，如果双方火气正旺，大有剑拔弩张、一触即发之势，应冷静下来，当机立断，借口有什么急事（如有人找，或有急电），引当事人走开，暂时脱离争论，等消了火气，头脑冷静下来了，争端也就趋于平息了。

假如你想让两个过去抱有成见的人消除前嫌；假如你的亲人突然遇到过去关系很坏的人而你又在场；假如你作为随从人员参加的某个谈判暂处僵局……作为第三者，你应首先联络双方的感情，努力寻找双方心理上的共同点或共同感兴趣的问题。一幅名画、一张照片、一盘棋、一个故事、一则笑话、一句谚语、一段相同或相似的经历，乃至一杯酒、一支烟都可能成为双方感兴趣的话题，都可以成为融洽气氛、打破僵局的契机。

4. 以不变应万变的说话技巧

应变,不一定就是快人快语、一语中的而使问题解决。在某些时候你不做反应、装聋作哑,反倒是一种最恰当的应变说话技巧,事情反倒可能解决得更圆满而不露痕迹。

战国时期,楚庄王亲自统率大军出外讨伐,结果大获全胜。当班师回京城郢都时,百姓夹道欢迎,盛况空前。为了庆贺赫赫战功,庄王在渐台宴请群臣。文武百官谈笑风生,无不喜形于色。庄王举杯祝贺,与众卿同欢共乐,并召来嫔妃和群臣同席畅饮。

此时,渐台上钟鼓齐鸣,歌舞不断,人们猜拳行令,兴致极高,不知不觉中日落西山。可是庄王兴犹未尽,遂命点起蜡烛夜宴,又命宠妃许姬斟酒助兴。

不巧,忽然刮来一阵大风,蜡烛都被吹灭。黑暗中,一个人趁着混乱,竟然拉住了许姬的衣袖。

许姬恼怒,又不便声张,挣扎之中衣袖被撕破。直到她机警地扯断那人帽子上的缨带,那人才惊慌地溜掉,许姬走到庄王跟前,附耳禀报了实情,并请庄王查办那个色胆包天之人。

庄王听罢,沉吟片刻,吩咐左右先不要点蜡,然后命令众卿解开缨带,摘下帽子,纵情畅饮。群臣闻言,纷纷解开缨带,摘下帽子,这时庄王才命人掌灯点烛。在烛光之下,但见群臣绝缨饮酒,已无法辨认谁的缨带被扯断了。庄王就像没发生这件事一样,与众人饮至深夜方散。后来,庄王再也没有提起此事。

又过了几年,庄王出兵伐晋,命襄老为前军统帅。襄老回到营地后,召集属下商讨策略。其部将唐狡请命,愿为大军开道,不获全胜不返营。于是,唐狡只带几百名亲兵,连夜奔袭而去。由于唐狡骁勇善战,晋军被杀得落荒而逃。庄王的后续大军竟一路未遇到一个阻兵,直取郑国都城荥阳。

庆功会上,庄王称赞襄老用兵神速,勇敢非凡。襄老却说:"实非老臣之力,而是部将唐狡孤胆制敌的功劳。"

庄王遂召见唐狡,并当众加倍赐赏。唐狡忙跪下道:"臣受君王之恩赐已经很厚了,哪敢再领赏呢?"庄王惊讶道:"寡人并不认识你,怎么说受过我的赏赐呢?"唐狡愧色满面,低声谢罪:"绝缨夜宴上扯住美人衣袖的就是我。大王不追究我的死罪,我一直感激您,没有一天忘了这事,所以这一次我率军进攻,是准备以死相报。"

在场的大臣听了,才恍然大悟为什么庄王命令人们解缨摘帽,一时间对庄王的做法,都非常敬佩。襄老不禁赞叹道:"倘若当初君王不能容人之过、谅解别人,而是在绝缨夜宴上明烛治罪,又怎能得到唐狡拼力死战呢?"

庄王面对突如其来的变故没有小题大做,而是以平静的语气命大家一起解缨摘帽、息事宁人。无独有偶,唐代宗算不得一个明君,但他也曾以不变应万变的说话方式,施展装聋作哑术,平息了一件不大不小的纷争。

唐代宗时,郭子仪在扫平安史之乱中战功显赫,成为复兴唐室的元勋。因此唐代宗十分敬重他,并且将女儿升平公主嫁给郭子仪的儿子郭暧为妻。这小两口都自恃有老子做后台,互相不服软,因此免不了口角。

有一天,小两口因为一点小事拌起嘴来,郭暧看见妻子摆出一副臭架子,根本不把他这个丈夫放在眼里,愤懑不平地说:"你有什么了不起的,就仗着你老子是皇上!实话告诉你吧:你爸爸的江山是我父亲打败了安禄山才保全的,我父亲因为瞧不上皇帝的宝座,所以才没当这个皇帝。"在封建社会,皇帝唯我独尊,任何人想当皇帝,就可能遭满门抄斩的大祸。升平公主听到郭暧敢出此狂言,感到一下子找到了出气的机会和把柄，立刻奔回宫中，向唐代宗汇报了丈夫刚才这番图谋造反的话。她满以为，皇父会因此重惩郭暖，替她出口气。

唐代宗听完女儿的汇报，不动声色地说："你是个孩子，有许多事你还不懂得。我告诉你吧：你丈夫说的都是实情。天下是你公公郭子仪保全下来的，如果你公公想当皇帝，早就当上了，天下也早就不是咱李家所有了。"并且对女儿劝慰一番，叫女儿不要抓住丈夫的一句话，乱扣"谋反"的大帽子，小两口要和和气气地过日子。在皇父的耐心劝解下，公主消了气，自动回到了郭家。

这件事很快被郭子仪听到了，可把他吓坏了。他觉得，小两口打架不要紧，儿子口出狂言，几近谋反，这着实叫他恼火万分。郭子仪即刻令人把郭暖捆绑起来，并迅速到宫中面见皇上，要求皇上严厉治罪。可是，唐代宗却和颜悦色，一点儿也没有怪罪的意思，还劝慰说："小两口吵嘴，话说得过份点儿，咱们当老人的不要认真了。不是有句俗话吗：'不痴不聋，不为家翁'，儿女们在闺房里讲的话，怎好当起真来？咱们做老人的听了，就把自己当成聋子和傻子，装作没听见就行了。"听到老亲家这番合情入理的话，郭子仪的心里就像一块石头落了地，顿时感到十分轻松，眼见得一场大祸化作芥蒂小事。

小两口关起门来吵嘴，在气头上，可能什么激烈的言辞都会冒出来。如果句句较真，就将家无宁日。杀人不过头点地，自己又能得到什么好处？唐代宗用"老人应当装聋作哑"，来对待小夫妻吵嘴，不因女婿讲了一句近似谋反的话而无限上纲、大动杀机，而是化灾祸为欢乐，使小两口重归于好。他的这笔利弊得失的账算得很明白。

有些事情，你非要硬去较真，就会愈加麻烦，相反你若装痴作聋，来他个"难得糊涂"，"无为而治"，也许会有满意的结果。唐代宗对郭子仪说的那番话圆滑老练之至，说明其说话的修养已达相当高深的境界。

课后练习：怎样在紧急情况下进行口才应变

　　一般情况下，我们碰到的问题往往是些人际交往中的情况，即使你应变不当，最多搞得自己没面子，或者事情办砸。危害生命或涉及国家大事的情况较为少见，但这并不等于一定遇不到。

　　春秋时期，有一次秦兵企图偷袭郑国，大军已开到离郑国不远的地区，而郑国还蒙在鼓里。这时，郑国一个名叫弦高的牛贩子得知这个消息后，急中生智，他一面派人星夜赶到郑国国君那里报信，一面又装扮成郑国的使臣，挑选几十头肥牛，乘着一辆车，迎着秦兵而去。当与秦兵将领相遇后，弦高便自称是受郑国国君之命，备了点薄礼来慰劳秦军。并称国君正厉兵秣马，训练军队。秦军将领一听，大吃一惊，以为郑国早有准备，便改变计划班师回国了。

　　这个故事告诉我们，在社会竞争中，可能要经常面临变幻不定的客观现实。在迅速变化的形势面前，要以不变应万变才行，只会循规蹈矩，是不会成为成功者的。

　　一天，卓别林带着一大笔款子，骑车驶往乡间别墅。半路上突然遇到一个持枪抢劫的强盗，用枪顶着他，逼他交出钱来。

　　卓别林满口答应，只是恳求他："朋友，请帮个小忙，在我的帽子上打两枪。"强盗照他说的做了。卓别林又说："谢谢，不过请再向我的衣襟打两个洞吧。"强盗不耐烦地扯起卓别林的衣襟打了几枪。卓别林鞠了一躬，央求道："太感谢您了，干脆劳驾将我的裤脚打几枪。这样就更逼真了，主人不会不相信的。"

　　强盗一边骂着，一边对着卓别林的裤脚连扣了几下扳机，但不见枪响，原来子弹打完了。卓别林一见，连忙跳上车子飞也似的逃走了。

　　这是一个突发性事件，任何人都无法估计它什么时候降临，任何人也无法预先做好应变的准备。所以，根据眼前环境状况采取不同的策略，是一个人应变能力与分析能力的直接体现。例如：

有一天，玛丽小姐正在屋里休息，忽然听到门外有响声。她打开门，却见一个持刀的男人正杀气腾腾、恶狠狠地看着自己。

是入室抢劫？是杀人逃犯？

玛丽不禁倒吸了一口凉气，心里打了一个冷颤。她灵机一动，迅速恢复平静，微笑着说："朋友，你真会开玩笑！是卖菜刀吧？我喜欢，我要买一把……"边说边让男人进屋，接着说："你很像我过去的一位好心的邻居，看到你真高兴，你是喝咖啡还是茶……"本来满脸杀气的歹徒，竟然腼腆起来。

他有点结巴地说："谢谢，哦，谢谢！"

最后，玛丽真的"买"下了那把明晃晃的菜刀，陌生男人拿着钱迟疑了一会儿走了，在转身离开的时候，他说："小姐，你会改变我的一生！"

读罢这则故事，我们不仅钦佩玛丽小姐化险为夷的过人智慧，更被她那能融化世界的爱心术所折服。不是吗？一场即将发生的灾难，转眼间被玛丽小姐以机智和爱心挽回了，她不但挽救了自己，也挽救并改变了这个未遂的杀人犯。这件事看起来悄无声息，回味起来则是惊心动魄。因为这两位主人公的人生在片刻之间完成了一次由魔鬼到圣贤的净化与转折，也在各自的生命驿站中立下了一块里程碑。

后来，据说玛丽小姐与这位男人结了婚。这就是说什么事都不是绝对的。人生就是战场，即便是处理同一问题也不能总用同一种方式。在遇到危机时也一样，也要考虑不同环境、不同对手、不同时间，采取不同对策，这样才能确保在危机中化险为夷。

第四课

处世落在实处　口才才有实效

口才是语言的艺术,但语言不是空中楼阁,它要针对特定的人、特定的事。只有深通处世之道,懂得人情世故,口才才有其实际的意义,也才能对工作、生活,对办事、社交具有实际的帮助。

一、口才应以什么样的处世方式为基础

1. 以友好的方式开始

一滴蜂蜜要比一加仑胆汁能招来更多人的青睐。首先要让人相信你是最忠诚的朋友，那样就像有一滴蜂蜜吸引住他的心，也就有一条平坦大道通向他的心里。

波士顿一直是美国教育和文化的中心。曾有一个时期波士顿的报纸上尽是些堕胎方面的所谓专家和庸医的骗人广告，以看病为名，用"你会丧失性功能"一类的语言，让人来上当。而那些专门刊登这些广告的报刊就成了他们的帮凶。

当时毕博士担任大波士顿基督教联盟的良民委员会主席。委员们做出了各种努力，但都无济于事。毕博士冥思苦想，终于想出了一个新办法。

于是毕博士就用赞扬和悲悯的方式给《波士顿先锋报》的发行人写了一封信，信中谈他一直十分欣赏该报，因为该报的新闻真实，不具煽动性，社论也做得有的放矢，并宣称他们的报纸是全美最优秀的。毕博士又写道："可是，听我的朋友说，有一天他的十几岁的小女儿念着贵报上的堕胎广告，问他其中的意思。他尴尬得不知如何回答。像贵报这样一份原本美好的报纸，现在却让很多家庭无法面对。这种事要是出现在您的家里，而堕胎广告又恰好让您的女儿看到，您是否也会尴尬呢？我很遗憾，这样完美的报纸，却刊登了这样的广告，让许许多多的父母害怕自己的孩子看到。我想这不是我一个人的看法，成千上万的读者都和我有相同的看法。"

信发出的第三天,毕博士就收到了回信。信的内容是这样的:"尊敬的先生,仔细阅读你给本报的来信,心里十分感激。你的教诲,让我们决心做一件一直想做的事。从下周开始,我们将尽力删除《波士顿先锋报》上的有争议的广告,即使是暂时没有能力删掉的广告,我们也将进行谨慎的编辑,不让它们招来广大读者的非议。"

其实,在我们周围,类似的事情每天都在发生,其结果常取决于你以何种方式去解决。

杰拉得·万斯曾用友好的姿态解决了一桩索取赔偿的案子。事情是这样的:

春天,地面上的冰还没开化就下了一场大雨。雨水全都流到了他新盖好的房子里。结果地板裂了,水又淹到了地下室,损坏了里面的很多东西。可他当时没有投保,维修房子要花2000多美元。当时他很快发现建筑公司在建房时忘记了挖排水沟,所以他才会受害。于是,他决定找建筑公司来解决这个问题。

他进了建筑公司的经理办公室,先和经理聊起不久前到印度度假的事,使得气氛非常融洽。这时,他才说起地下室进水的事。经理马上答应处理这件事。两天后,经理打来电话,说他们不但会付修理的钱,而且还要把水沟给挖好,以免再被水淹。

事后杰拉得·万斯承认,假如他不一上来就用和解姿态的话,即使是他们的错,事情也没这么容易就解决了。

温和、友善和赞赏的态度更能教人改变心意。所以当你希望通过你的言语让人接受你的想法,并对你信服时,请记住:以友好的方式开始!

2. 多从他人的角度看问题

有些时候，我们很难用简单的对与错来衡量某一事情。看问题的角度不一样，结果也就不一样。当一个人面对严重的难题时，如果他能够从别人的角度来看待事情，原本疑惑不解的问题可能就变得豁然开朗，他的说话方式也会自然地改变。

生活中有时会发生这样的事：他有时即使真的错了，也不一定承认。在这种情况下，责备他是没有用的，甚至会起相反的作用。你应该了解他，这才是最聪明的做法。

对方为何会这样，其中一定有他的道理。探寻出其中隐藏的原因来，你便了解了他，了解了他的个性，这才是解答的钥匙。

纽约州汉普斯特市的山姆·道格拉斯，过去经常抱怨太太把过多的时间都用在修理草坪上了：他太太一周至少去草坪拔草、施肥和剪草两次。而道格拉斯却认为草坪和4年前刚搬来时一样，并未变好。当他把这话说给太太听时，自然就破坏了他们的夫妻感情。

后来道格拉斯认识到了自己的愚蠢。他试着从太太的角度考虑：她确实喜欢草坪，是因为她从中找到了乐趣。于是道格拉斯决心改变自己。

一天晚饭后，太太又去修理草坪，道格拉斯也跟了出去，帮助太太一起除草、施肥，他们边干活，边愉快地谈话，他的太太非常高兴。

从此他经常帮助太太修理草坪，并称赞她干得好，草坪比以前好看多了。于是，夫妻间的感情日益加深。

肯尼迪·古迪的《怎样让人们变成黄金》一书中有这样一段发人深省的话："停下来，用数秒的时间比较一下，你是如何关心自己的事情和关心他人的事情的，就会理解，别人也和你一样。而一旦你掌握了这个诀窍，你就会像罗斯福和林肯一样，拥有了做任何事的坚实基础。

第四课 》》》处世落在实处 口才才有实效

总之，和别人相处的关系怎样，完全取决于你在多大程度上替别人着想了。"

无独有偶，古拉得·力伊帕也和古迪有相同的观点。他在《进入别人的内心世界》一书中，也有类似的一段话："把别人的感觉和观念与自己的感觉和观念置于相同的位置，并把它表现出来，这样谈话的气氛就会融洽起来。当你在听别人谈话时，要根据对方的意思来准备自己将要说的话，那样，由于你已理解和认同了他的观点，他也就会理解和认同你的观点。"

多年来，罗克常到离家不远的公园中散步和骑马，以此作为消遣。罗克非常喜欢橡树，所以每当看到公园里一些树被烧掉时，他就十分痛心。这些火差不多都是由到园中野炊的孩子们造成的。有时火势很凶，必须叫来消防队才能扑灭。

公园的角落里有一块牌子，警告人们不要在公园玩火，违者罚款。但由于牌子在角落里，很少有人看见它。公园里有警察，负责骑马巡逻，但他对自己的工作不太认真，火灾仍然时常发生。

有一次，罗克又看到公园失火，就急忙跑去告诉警察快叫消防队，可没想到他却说那不是他的事。罗克非常失望，于是以后罗克再到公园里散步的时候，就担负起了保护公园的义务。当他看见树下起火时就非常不快，急忙上前警告那些野炊的孩子们，严厉地命令他们把火扑灭。如果他们不听，就恐吓要把他们交给警察。就这样，罗克只是按照自己的想法去做，只是在发泄自己的情感，全然没有考虑孩子们的感觉。

结果呢，那些儿童怀着一种反感的情绪暂时遵从了。转过身去的时候，他们又生起了火堆，并恨不得把整个公园烧尽。

随着时间的推移，罗克逐渐懂得了与人相处的道理，知道了怎样使用技巧，更懂得从别人的角度来看待问题。于是他不再发布命令，而是说："孩子们，玩得高兴吗？你们在做什么晚餐？我小时候，也很喜欢生火，直到现在我仍然很喜欢，但你们知道在公园里生火是很危险的吗？我知道你们几个会很小心，但别的孩子就不一样了。他们来了也会学着你们生火，回家的时候却又不把火扑灭，这样就会烧掉公园里的所有树木。如果我们再不谨慎的话，我们就不会再看到这里的树木了。因为在这里生火，还有可能被警察抓起来。我不干涉你们的兴致，我很愿意看到你们开开心心的，但我想请你们在离开时，把火用土埋起来，并把火堆旁边的干枯树叶拨开，好吗？你们下次来公园玩时，可不可以到山丘的那一边，就在那沙坑里取火，那样就不会有任何危险了。多谢了，孩子们，祝你们玩得快乐。"

这样的说法，产生的效果好多了！孩子们听了之后都非常听话，而且很愿意接受和合作。他们没有被强制服从命令。罗克为他们保全了面子，双方的感觉都很好，因为罗克在处理这件事时，完全是从他们的角度出发考虑的。

哈佛商学院特哈姆说："在与人谈话前，我情愿用两个小时的时间在他的办公室前的人行道上散步，而不愿在还没有清晰的想法，不知该如何说，并且不了解对方，没有充分准备答案的情况下，直接去他的办公室。"

如果你永远都能按照对方的观点去想，从他人的立场看事，这就足够成为你一生中一个新的里程碑。

认识别人、被别人认识、认识自己，用一颗真诚的心将三者统一。把自己当成别人，关键在于认识自己，弄懂了这个意思，也许不需要华丽的语言，你说的话便会充满力量。

3. 学会面带微笑去说话

在生活中，人们脸上的微笑，就是向人表示：我喜欢你，我非常高兴见到你！

第四课 处世落在实处　口才才有实效

微笑是从内心发出的，那种不诚意的微笑，是机械的、敷衍的，也就是人们所说的那种"皮笑肉不笑"的笑容，那是不能欺骗谁的，也是我们所反对的、厌恶的。

纽约一家极具规模的百货公司的人事部主任谈到雇人的标准时说，他宁可雇用一个有可爱的微笑、小学还没有毕业的女孩子，也不愿意雇用一个冷若冰霜的哲学博士。

如果你希望别人用一副高兴、欢愉的神情来对待你，那么你自己必须先要用这样的神情去对别人。

建议那些商界人士，尽量对每一个人微笑。斯坦哈德在纽约证券交易所上班，他给人的感觉是那种很严肃的人，在他脸上难得见到一丝笑容。

斯坦哈德结婚已有18年了，这么多年来，从他起床到离开家这段时间内，他很难得对自己的太太露出一丝微笑，也很少说上几句话，家里的气氛很沉闷。他决定改变这种状况。一天早晨他梳头的时候，从镜子里看到自己那张绷得紧紧的脸孔，他就向自己说：比尔，你今天必须要把你那张凝结得像石膏像的脸松开来，你要展现出一副笑容来，就从现在开始。坐下吃早餐的时候，他脸上有了一副轻松的笑意，他向太太打招呼：亲爱的，早！

太太的反应是惊人的，她完全愣住了，可以想象到，那是由于她意想不到的高兴，斯坦哈德告诉她以后都会这样。从那以后，他们家庭的生活已完全变了样。

现在斯坦哈德去办公室，会对电梯员微笑地说：你早！去柜台换钱时，对里面的伙计，他脸上也带着笑容。就是在交易所里，对那些素昧平生的人，他的脸上也带着一缕笑容。

不久，他就发现每一个人见到他时，都向他投之一笑。对那些来向他道"苦经"的人，他以关心的、和悦的态度听他们诉苦。而无形中他们所认为苦恼的事，变得容易解决了。微笑给他带来了很多很多的财富。

斯坦哈德和另外一个经纪人合用一间办公室。他雇用了一个职员，是个可爱的年轻人，那位年轻人渐渐地对他有了好感。斯坦哈德对自己所得到的成就，感到得意而自傲，所以他对那位年轻人提到"人际关系学"。那位年轻人这样告诉斯坦哈德，他初来这间办公室时，认为他是一个脾气极坏的人。而最近一段时间以来，他的看法已彻底地改变过来了。他夸斯坦哈德微笑的时候很有人情味！

现在斯坦哈德是一个跟过去完全不同的人了，一个更快乐、更充实的人，因拥有友谊及快乐而更加充实。

如果你觉得自己笑不出来，那怎么办？不妨试一试，强迫自己微笑。如果你单独一人的时候，吹吹口哨、唱唱歌，尽量让自己高兴起来，就好像你真的很快乐一样，那就能使你快乐。哈佛大学的詹姆斯教授曾说："行动好像是跟着感觉走的，可是事实上，行动和感受是并行的。所以你需要快乐时，就要强迫自己快乐起来。"

人是很容易被感动的，而感动一个人靠的未必都是慷慨的施舍和巨大的投入。往往一个热情的问候、温馨的微笑，都足以在人的心灵中洒下一片阳光。如果你要改变说话的效果，就先从改变那副板着的面孔，露出一个微笑开始。

4. 别让假话伤着自己

真话与假话是相对立的，它会导致与人交往的两个不同结果，可以说获得众人的信任，铸就自己的信誉，必须靠讲真话来赢得。真话假话表面看来是说话方式的选择，实际代表的是两种不同的处世态度。而假话纵然能蒙蔽一时，但最终必将真相大白，说假话者只能处于一种窘迫的境地。

第四课 处世落在实处 口才才有实效

说"真"话即用真挚诚恳的语言去打动对方的一种语言表达方式。这里的"真"不仅仅只是包括"真实"的意思,更重要的还在于要有"真情"。

笃诚和真情是说"真"话时尤须注意的要素,以真实为基础,以真情动人、以真情感人,才能达到说服对方的目的。

人是有情感的高级动物,情感是人的心理过程的重要组成部分,它是人对他人和外物是否符合自己的需要所产生的内心体验。这种内心体验具有情境性和直接性,情感的产生需要外界的刺激。在人际交往之中,饱含真情实感的言语是唤起情感的一种最具神力的武器。运用真情的言语策略,可以顺利促使双方产生情感共鸣,关系融洽,形成良好的交际氛围;可以较快地促使双方强化相应的感性认识,形成并巩固某种态度倾向和观念信仰;可以有力地推动人们将某种行为动机付诸实施,并为成功积极奋斗。

而另有些人不管什么情况都以说谎来解决,这种人可说是心态上已经有了病症。但是,不论任何时候,一旦有了骗人的想法,就会一发不可收拾地继续下去,因为"谎言就像是滚雪球一样,越滚越大"。

一些人企图以谎话连篇取得别人的信任,而且大多数人也都以为说谎没什么大不了的。虽然几乎没有人是真正的绝对诚实,但朋友之间切记不可互相欺骗。

我们常听人家说"出家人不打诳语",由此可以知道,说谎是清修得道的障碍。

虽然每个人或多或少都说过谎话,而且要自己做到绝不说谎,也的确不是件容易的事,然而,不管怎么说,朋友交往的时候还是要努力由内心做到不说谎。因为朋友相交最重要的前提,还是要抓住对方的心。因此,朋友之间绝对不容许有背信的行为。

当你对某一个人说谎的时候,第三者正在冷眼旁观地看这件事,或许就因此产生了绝望的心情。因此,你虽然只是欺骗了一个人,但感到你不诚实的人却可能包括其他人。你只要有欺骗的行为，人格就会遭到质疑，而且会迅速地散布到你周围的其他朋友。朋友是你费了好大的力气才得到的资产，却因为说谎而轻易地毁弃掉，岂不是大错特错了吗？

有些人非常喜欢说大话，也常对别人大吹大擂地宣称某位社会名流是他的好朋友。当别人前来拜托他帮忙拉关系的时候，他又要制造出其他的谎言来自圆其说，结果却是一点忙也帮不上。这种人纵然是费尽心思要拓展自己的人际关系，但所能得到的成效却十分有限。

有时你说假话即使并没有直接伤害到他人，却已经破坏了自己的信用。所以，尽管生活中谎言不可避免，但有损于自己信誉的谎言还是少说、不说为好。

5. 从心底里尊重别人

人与动物相异之处，就在于是否有自重感，这是人类最急切的要求。也正是这种需求，产生了丰富的人类文化。

美国著名小说家柯恩是个铁匠的儿子，他一生所受的教育没有超过8年，可在他去世的时候，已是世界上一位最富有的文人。

柯恩喜欢诗词，所以他读尽了鲁赛狄的诗，甚至他还写了一篇演讲稿，歌颂鲁赛狄学术上的成就，并且还送了一份给鲁赛狄。鲁赛狄很高兴，他认为一个年轻人能对自己的诗词有这样高超的见解，一定是个聪明人。

鲁赛狄就请这个铁匠的儿子来伦敦，当他的私人秘书。柯恩一生的命运由此发生了改变。他在这个新的职位上，见到了许多当代的大文豪，受到他们的指导和鼓励，顺利开始了他的写作生涯，使他名享宇内。

他的故乡在格利巴堡，现在已是旅游的圣地。他的遗产有250万元。可是谁会知道，如果他没有写那篇赞赏名诗人的演讲稿，可能会默默无闻，因贫困而死去。

这就是让他人感到自己很重要的结果。

你是否感觉到，你比日本人优越？可是事实上，日本人以为他们比你优越得多。如果一个守旧的日本人看到一个白种人跟一个日本女人跳舞时，他会感到非常气愤。

你以为你比印度人优越？你有权可以这样想，可是他们的感觉，却跟你完全相反。

你以为你比困纽特人优越？你当然可以这样想，可是你是不是想知道，困纽特人对你的看法又如何呢？在他们的社会里，称那种好吃懒做、不务正业的懒汉为"白人"，那是他们鄙视人时用的最刻薄的话。

有一条最普通的真理，就是你所遇到的几乎每个人，都觉得自己的某个方面比你优秀。可是有一个方法，可以深入他的心底，就是让他觉得你承认他在自己的小天地里是重要的，要真诚地承认。

记住爱默生所说的："凡我所遇到的人，都有比我优越的地方，而在那些方面，我必须向他学习。"

有些人刚刚觉得自己有若干的成就，就感到自满，结果只会引起别人的反感和憎厌。

莎士比亚说过："骄傲的人，借着一点微不足道的能力，便在上帝面前胡作妄为，那么天使会让他落魄。"

自视过高，忽略了旁人的智慧，往往就会给自己带来挫折。而当你从心底觉得别人重要时，你说话的方式、语气会自然随之改变。

课后练习：为什么要多说让人感受到关心的话

平常我们会说很多废话，这更容易使我们产生错觉：说话嘛，有什么重要的，小事一桩。事实上，这是因为你没有尝试多说一些关心他人的话，一旦这种关心被他人真切地感受到，情况会大不一样。

就是由于对别人的事情同样强烈地感兴趣，使得查尔斯·伊斯特博士成为有史以来最成功的一位大学校长。他当哈佛大学的校长，从南北战争结束一直到第一次世界大战的前5年。下面是伊斯特博士做事方式的一个例子。有一天，一名大学一年级的学生克兰顿到校长室去借50美元的学生贷款，这笔贷款获准了。下面是这位学生后来在一篇文章中的叙述——"伊斯特校长说，'请再坐会儿。'然后他令我惊奇地说：'听说你在自己的房间里亲手做饭吃。我并不认为这坏到哪里去，如果你所吃的食物是适当的，而且分量足够的话。我在念大学的时候，也这样做过。你做过牛肉狮子头没有？如果牛肉煮得够烂的话，就是一道很好的菜，因为一点儿也不会浪费。当年我就是这么煮的。'接着，他告诉我如何选择牛肉，如何用文火去煮，然后如何切碎，用锅子压成一团，冷后再吃。"

还有一件同样的事，一个似乎一点儿都不重要的人，却帮了新泽西强森公司的业务代表爱德华·西凯的忙，使得他重新获得了一位代理商。"许多年前，"他回忆说，"在马萨诸塞地区，我为强森公司拜访了一位客户。这个经销商在音姆的杂货店。每次到店里去，我总是先和卖冷饮的店员谈几分钟的话，然后再跟店主谈订单的事。有一天，我正要跟一位店主谈，但他要我别烦他，他不想再买强森的产品了。因为他觉得强森公司都把活动集中在食品和折扣商品上，而对他们这种小杂货店造成了伤害。我夹着尾巴跑了，然后到城里逛了几小时。后来，我决定再回去，至少要跟他解释一下我们的立场。"

"在我回去时，我跟平常一样跟卖冷饮的店员都打了招呼。当我走向店主时，他向我笑了笑并欢迎我回去。之后，他又给了我比平常多两倍的订单，我很惊讶地望着他，问他我刚走的几小时中发生了什么事。他指着在冷饮机旁边的那个年轻人说，我走了之后，这个年轻人说很少有推销员像你这样，到店里来还会费事地跟他和其他人打招呼。他跟店主说，假如有人值得与他做生意的话，那就是我了。他觉得也对，于是就继续做我的主顾。我永远都不会忘记，真心地对别人产生点兴趣，会是推销员最重要的品格——对任何人都是一样，至少以这件事来说是如此。"

一个人要是对别人真诚地感兴趣的话，哪怕你一句极平常的话也可以从即使是极忙碌的人那儿，得到注意、时间和合作。

二、如何让批评人的实话也能让人接受

1. 把恭维掺杂在批评之中

如果提出批评的人先谦虚地承认自己也不是十全十美、无可指责的，然后再指出别人的错误，或者在批评之后再指出他的优点，这样就比较容易让人接受了。

圆滑的布诺亲王早在1909年就已深切地感觉到利用这种方法的重要性。

当时德皇威廉二世在位时，目空一切，高傲自大。他建设陆、海军，欲与全世界为敌。

于是，一件惊人的事情发生了：德皇说了一些令人难以置信的话，震撼了整个欧洲，甚至影响到世界各地。最糟的是，德皇把这些可笑、自傲、荒谬的言论，在他作客英国时，当着群众的面发表出来。他还允许《每日电讯》照原意在报上公开发表。

例如，他说他是唯一一个对英国感觉友善的德国人；他正在建造海军来对付日本的危害。德皇威廉二世还表示，凭借他的力量，可以使英国不屈辱于法、俄两国的威胁之下。他还说，由于他的计划，英国诺伯特爵士在南非才能战胜荷兰人。

在这100年来的和平时期，欧洲没有一位国王会说出这样惊人的话来。从那时起，欧洲各国顿时哗然、骚动，谴责之声不绝于耳。英国人非常愤怒，而德国的那些政客们，更是为之震惊。

德皇也渐渐感到了事态的严重，可是，说过的话又怎么能够轻易地挽回呢？为了解脱自己，他只能慌慌张张地请别人代他受过。宣称那一切都是代过者自己的责任，是代过者自己建议德皇说出那些话来的。

可是，布诺亲王却认为，德国人或英国人是不会相信这是他的主意的。布诺亲王说出这话后，马上发觉自己犯了一个严重的错误。果然，这激起了德皇的愤怒。

德皇大为恼火，认为布诺亲王在辱骂他，说自己连他都不如。

布诺亲王原本知道应该先称赞，然后才指出他的错误，可是为时已晚了。他只有做第二步的努力：在批评后，再加以赞美。结果，奇迹立刻出现了。

布诺亲王紧接着开始夸奖德皇，说他知识渊博，远比自己聪明。

德皇脸上慢慢地露出了笑容，因为布诺亲王称赞了他。布诺亲王抬高了他、贬低了自己。经布诺亲王解释后，德皇宽恕了他、原谅了他。

布诺亲王用几句称赞对方的话，就把盛怒中傲慢的德皇变成了一个非常热诚的人。

指责别人之前或之后承认自己无知、少知为智者明智之举。这样既可使人看出其修养深度，又可令人接受自己的观点；反之，自我感觉良好、咄咄逼人者，会给人一个蛮横无理的印象。

2. 暗示比直接的批评更有效

当面指责别人，这会遭到对方顽强的反抗；而巧妙地暗示对方注意自己的错误，他会真诚地改正错误。

第四课 处世落在实处 口才才有实效

华纳梅克每天都到他费城的大商店去巡视一遍。有一次他看见一名顾客站在柜台前等待，没有一个人对她稍加注意。那些售货员在柜台远处的另一头挤成一堆，彼此又说又笑。华纳梅克不说一句话，他默默站到柜台后面，亲自招呼那位女顾客，然后把货品交给售货员包装，接着他就走开了。这件事让售货员感触颇深，他们及时改正了服务态度。

官员们常被批评不接待民众。他们非常忙碌，但有时候，是由于助理们过度保护他的主管，为了不使主管见太多的访客造成负担。卡尔·兰福特，在迪斯尼世界所在地——佛罗里达州奥兰多市当了许多年的市长。他时常告诫他的部属，要让民众来见他。他宣称施行"开门政策"。然而他所在社区的民众来拜访他时，都被他的秘书和行政官员挡在了门外。

这位市长知道这件事后，为了解决这个问题，他把办公室的大门给拆了。这位市长真正做到了"行政公开"。

若要不惹火人而改变他，只要换一种方式，就会产生不同的结果。

确实那些直接的批评会令人非常愤怒，间接地让别人去面对自己的错误，会有非常神奇的效果。玛姬·杰各提到她如何使得一群懒惰的建筑工人，在帮她盖房子之后清理干净现场的。

最初几天，当杰各太太下班回家之后，发现满院子都是锯木屑子。她不想去跟工人们抗议，因为他们工程做得很好。所以等工人走了之后，她跟孩子们把这些碎木块捡起来，并整整齐齐地堆放在屋角。次日早晨，她把领班叫到旁边说："我很高兴昨天晚上草地上这么干净，又没有冒犯到邻居。"从那天起，工人每天都把木屑捡起来堆好放在一边，领班也每天都来察看草地的状况。

在后备军和正规军训练人员之间，最大不同的地方就是发型，后备军人认为他们是老百姓，因此非常痛恨把他们的头发剪短。

当陆军第542分校的士官长哈雷·凯塞带领了一群后备军官时，他要求自己解决这个问题，跟以前正规军的士官长一样，他可以向他的部队吼几声或威胁他们。但他不想直接说出他要说的话。

他开始说话了："各位先生们，你们都是领导者。你必须为尊重你的人做个榜样。你们该了解军队对理发的规定。我现在也要去理发，而它却比某些人的头发要短得多了。你们可以对着镜子看看，你要做个榜样的话，是不是需要理发了，我们会帮你安排时间到营区理发部理发。"

结果是可以预料的，有几个人自愿到镜子前看了看，然后下午就到理发部去按规定理了发。次日，凯塞士官长讲评时说，他已经看到，在队伍中有些人已具备了领导者的气质。

3. 换一种人们更容易接受的批评方式

没有人愿意挨批，不管你说得有多对，所以批语常会产生一些负效应。但是，有些人能够很恰当地把握批评的方法和尺度，使批评达到春风化雨、甜口良药也治病的效果。

美国南北战争时期，属下向林肯总统打听敌人的兵力数量，林肯不假思索地答道："120万至160万之间。"下属又问其依据何在，林肯说："敌人多于我们三四倍。我军40万，敌人不就是120万至160万吗？"为了对军官夸大敌情、开脱责任提出批评，林肯巧妙地开了个玩笑，借调侃之语嘲笑了谎报军情的军官。这种批评显然比直言不讳地斥责要好多了。

其实，许多时候批评的效果往往并不在于言语的尖刻而在于形式的巧妙，正如一片药加上一层糖衣，不但可以减轻吃药者的痛苦，而且使人很愿意接受。批评也一样，如果我们能在必要的时候给其加上一层"外衣"，也同样可以达到"甜口良药也治病"的目的。

有一天中午，查理·夏布偶然走进他的一家钢铁厂，撞见几个工人正在吸烟，而在那些工人头顶的墙上，正悬着一面"禁止吸烟"的牌子。夏布没有直接地批评工人。

他走到那些工人面前，拿出烟盒，给他们每人一支雪茄，然后请他们到外边去抽。那些工人已知道自己破坏了规定，可是他们钦佩夏布先生不但丝毫没有责备他们，而且还给他们每人一支雪茄当礼物，工人们觉得很高兴。

1987年3月8日，最善于布道的彼德牧师去世了。下一个星期日，艾鲍德牧师被邀登坛讲演。他尽其所能，想使这次讲演有完美的表现，所以他事前写了一篇讲演稿，准备到时应用。他一再修改、润色，才把那篇稿子完成，然后，读给他太太听。可是这篇讲道的演讲稿并不理想，就像普通演讲稿一样。

如果他太太没有足够的修养和见解，一定会直接说出这篇稿子糟透了，绝对不能用，因为它听起来就像百科全书一样枯燥无味。

但那位艾鲍德太太知道间接批评别人的好处，所以她巧妙地暗示丈夫，如果把那篇演讲稿拿到北美评论去发表，确实是一篇极好的文章。也就是说，她一边赞美丈夫的杰作，一边却又向丈夫巧妙地进行了暗示：他这篇演讲稿并不适合讲演时用。艾鲍德明白了妻子的暗示，就把他那篇绞尽脑汁完成的演讲稿撕碎了。他什么也不准备，就去讲演了。

我们要劝阻一件事，应躲开正面的批评，这是必须要记住的。如果有这个必要的话，我们不妨旁敲侧击地去暗示对方，对人正面的批评，会毁损他的自信，伤害他的自尊，如果你旁敲侧击，对方知道你用心良苦，他不但会接受，而且还会感激你。

4. 要给被批评者解释的机会

人们常犯把自己的意志强加到别人身上的毛病，不管你的地位有多高，与人说话又把人置于等而下之的地位，自然对方不会服你。要想使批评真正发挥作用,就应先了解一下别人是怎么想的。

很多人在努力想让别人同意他自己的观点时,常不自觉地把话说得太多了,尤其是推销员,常犯这种错误。要尽量让对方说话,因为,他对自己的事业和他的问题了解得比你多。即使你在批评别人的时候,也要向对方提出问题,让对方讲述自己的看法。

如果你不同意他的看法,你也许会很想打断他的讲话。实际上这时候你更需要耐心地听着,抱着一种开放的心胸,要做得诚恳,让他充分地说出他的看法。

尽量让对方讲话,不但有助于处理商务方面的事情,也有助于处理家庭里发生的矛盾。芭贝拉·琳达和她女儿洛瑞的关系快速地恶化,洛瑞过去是一个很乖、很快乐的小孩,但是到了十几岁却变得很不合作,有的时候,甚至于喜欢争辩不已。琳达太太曾经教训过她,恐吓过她,还处罚过她,但是一切都收不到效果。

一天,琳达太太放弃了一切努力。洛瑞不听她的话,家务事还没有做完就离家去看她的女朋友。

在女儿回来的时候,琳达太太本来想对她大吼一番。但是她已经没有发脾气的力气了。琳达太太只是看着女儿并且伤心地说:"洛瑞,为什么会这样?"

洛瑞看出妈妈的心情,用平静的语气问琳达太太:"你真的要知道?"

琳达太太点点头,于是洛瑞就告诉了妈妈自己的想法。开始还有点吞吞吐吐,后来就毫无保留地说出了一切情形。

琳达太太从来没有听过女儿的心里话,她总是告诉女儿该做这该做那。当女儿要把自己的想法、感觉、看法告诉她的时候,她总是打断她的话,而给女儿更多的命令。

琳达太太开始认识到,女儿需要的不是一个忙碌的母亲,而是一个密友,让她把成长所带给她的苦闷和混乱发泄出来。过去自己应该听的时候,却只是讲,自己从来都没有听她说话。

从那以后,每当琳达太太想批评女儿的时候,就会先让女儿尽量地说,让女儿把她心里的事都告诉自己。她们之间的关系大为改善。不需要更多的批评,女儿会主动地与妈妈和谐合作。

使对方多多说话,试着去了解别人,从他的观点来看待事情,就能创造生活奇迹,使你得到友谊,减少摩擦和困难。

别人也许是完全错误的,但他并不认为如此。因此,不要责备他,应试着去了解他。

别人之所以那么想,一定存在着某种原因。查出那个隐藏的原因,你就等于拥有解答他的行为、也许是他的个性的钥匙。

5. 对不该原谅的错误一定要严厉批评

该严批的时候不能模棱两可,做老好人,因为这里面有一个原则问题。

(1) 对不能容忍的下属的错误行为果断进行批评

作为上级,你对下属保持一定程度的宽容是合乎情理的,但是,如果你毫无原则地容忍员工的不良行为,那就表明你还不太称职。任何事情都得有一个界限,员工偶然的一次小错你可以不用计较,但如果员工接连不断地犯错,势必会酿成大错,出现更大问题。这时候你可不能再等闲视之了,该批评下属时你一定要采取行动,千万别心软。

在实际工作中,我们往往难以找到一个绝对有效的是非判断标准来衡量自己和员工的行为。哪些东西可以接受,哪些东西无法令人接受,两者之间的界线往往模糊不清,而且不同的人可能有不同理解。在确定这一标准时,个人的主观判断占有很重要的成分,你必须准确判断出哪些是可以容忍的,哪些是绝对不能容忍的。如果员工在你面前表现得很差,那说明他对你缺乏尊重,他也无法实现你对他的期望。作为一名管理者,你不能对此听之任之。

当一个人跨越你可以接受的界限时,你应及时处理这些不良行为,如经常迟到、不怀好意的玩笑、恶作剧、不恰当的肢体语言、不尊重他人、贬低他人、背后说三道四、衣冠不整、时常抱怨、工作中处理私事、不守承诺、撒谎等等。对这类行为切不可放任自流、听之任之,等到事情不可收拾再去做决定。

身居管理者之位,你的员工每一分钟都在观察你。你处理不良行为的方式,直接影响到员工如何看待你。你必须在员工心目中建立一个明确的概念,即让员工在心目中明确哪些是可以令你接受的,哪些则不能。对员工的行为你不必闭上一只眼睛,假装视而不见,因为他们会很快发现这一点。当你在制定一个你可以接受的标准之时,很重要的一点是,这一标准可以成为今后处理不能接受行为的依据。如果某人超越了这一界线,就应与他们谈谈并找到解决问题的最好办法。经过这些努力,你会发现,每个人将会检点自己的行为,保证自己的行为令每个人接受,其中也包括你。

玛丽·凯·阿什是美国的一个大器晚成的女企业家。她重视妥善地管理人才,她认为,人才是一个企业中最宝贵的财产,企业管理的关键是人才管理,而人才管理的关键是贯彻纪律,赏罚分明。

她要求作为一名经理应尽量公正待人,谁犯了"天条"都一样处置。玛丽·凯·阿什在阐述她的做法时说:"我每次遇到员工不遵守纪律时,都采取一种与众不同的方法。我的第一个行动,是同这个员工商量,采取哪些具体措施可改进工作。我提出建议并规定一个合情合理的期限。这样,也许会获得成功。不过,如果这种努力仍不能奏效,那我必须考虑采取对员工和公司可能都是最好的办法。我常常发现,一个员工不遵守纪律、工作老出差错时,就决定不要他!因为遵守纪律没商量。"

(2) 对孩子不该原谅的错误一定不能姑息

有一次，孩子放学回家没写作业，却跟着几个大孩子跑去打游戏机，回来后还撒谎说去同学家看小动物了。

爸爸得知事情的真相后，没有去找儿子，却先把妻子叫到了跟前，单独跟她商量，问她觉得应该怎么办，妻子对孩子的行为也大为恼火，于是气呼呼地对丈夫说："你看着办吧，好好管教管教他。"

丈夫说："我管可以，无论我怎么管他，你都不要插手。"妻子点点头，表示默许。于是丈夫把儿子叫到身边，让他在自己对面站好，问道："说实话，昨天下午去干什么了？"

"去同学家看小动物！"儿子回答得理直气壮。

爸爸脸往下一沉，对孩子说："给你一分钟时间，好好想想，想清楚再说。"难挨的一分钟。孩子低着头，眼睛却偷偷瞟父母。但从父母脸上，他什么也看不到，于是有些心虚了。

再回答时，他战战兢兢地说出了实话。

"好吧。"爸爸说："既然你说实话了，就还是个好孩子，但说谎的错误不能一笔勾销，为了让你记住这个教训，罚你这周动画片不许看，电子宠物没收一周，晚饭后再把昨天的作业做两遍。"

"啊？！不行。"儿子开始噘起嘴耍赖了，"作业我可以做两遍，但不让我看电视、玩宠物，绝对不行！"

"你撒谎对不对？"

"不对。"

"该不该罚？"

"该罚！"

"该罚就按我刚才说的去做。"爸爸有些火了。

"我偏不！"

"我看你再敢说'不'字！"爸爸怒气冲冲地站起来，瞪着眼睛冲儿子吼："现在，你给我出去罚站，什么时候想通了，向我承认了错误再进来。"

儿子求援似的向自己的妈妈望了望，发现妈妈没有一点儿要帮自己的意思，只好乖乖地出去了。

妻子这时站起来，对丈夫说："行了，消消气吧，孩子虽然该罚，可也没必要罚那么重嘛。我看你也很过０份了。"

"说谎不是一般的坏毛病，轻饶他第一次他就会犯第二次，必须让他好好记住。"

经过这一次，孩子再也不敢说谎了。

（3）偶尔发一通火也无妨

领导在享有人、财、物的支配权的同时，还负有相当的责任。下属工作不力，完不成目标任务，间或出了差错，上级最后要追究领导的责任。责任是一种压力。在压力下领导的心情难免比较紧张，遇到下属不理解自己，或工作上进展不顺利，完不成计划时，容易感到烦躁，这样就造成了爱发脾气的习惯。

领导的"火气"，是对下属的一个警告和惩戒，事实上远比和风细雨的批评有效得多。在工作实践中，偶尔发一通火，宣泄一下你心中的紧张和郁闷，从而达到心理上新的平衡，对你来说也是有益的。可以说，发脾气事实上是领导促进工作、推进管理的行之有效的一种方法，这种方法在工作的紧要关头，鞭打"慢牛"，刺激快牛，还是比较管用的。

某乡镇纸箱厂的厂长，是一个好发脾气的人，但他在职工中却人缘甚好，企业也比较景气。他的经验之谈是："乡下人没文化，你下毛毛雨他不认账，电闪雷鸣才能镇住。我脸一黑，没有一个不乖的。"厂长的水平或许有限，但他的话却是实实在在的。没一位领导会平白无故地冲着下属撒气。对人来说，发脾气是一种冲动心理的外化，上司有一些脾气，也属于正常现象。任何事都有一个限度，当领导的如果经常发火，官大脾气大，那可就无益了。不但下属不买账，你自己也会觉得无趣的。

(4) 严肃批评道德败坏的下属

1883年，德国社会民主党理论刊物《新时代》主编卡尔·考茨基和年轻美丽的维也纳姑娘路易莎结为夫妻。他们的结合是以斗争为代价的，因为两人的家庭都不同意这桩婚事，特别是路易莎，为考茨基做出了很大的牺牲。5年过去了，他们的生活是和谐的。1888年10月，恩格斯刚从美国旅行回到伦敦，便听到一件使他"大吃一惊"的消息：这对以往的恩爱夫妻离婚了。

原来，考茨基乘妻子去维也纳照顾有病的母亲的时候，在他母亲有意安排下和瑞士一位法官的女儿蓓拉一见钟情。于是，考茨基宣布和路易莎离婚，卖掉家具，准备和蓓拉结婚。

路易莎是一位宽宏大度的妇女，她"表现了充分的自制力"和"英勇气概"，她写信把这件事告诉了自己最尊敬的长辈恩格斯，坦率地表示了同意离婚的态度。恩格斯怀着钦佩的心情读着这封"了不起"的信，而一想到考茨基这样的拿爱情当儿戏的男人，他不禁暗自重复着一位名人讲过的话："得了吧，你们不配受妇女尊敬！"

恩格斯说：考茨基是个"傻瓜"和"下贱胚"。"总有一天早上，卡尔好像从沉睡中醒来一样，明白他干了一件一生中最大的蠢事"。果然，他的话应验了。

当蓓拉看到考茨基的弟弟汉斯时，她认为她真正爱上的不是考茨基而是身材魁梧的汉斯，5天之内两人就订了婚。考茨基陷入自己造成的两头落空的尴尬局面。他的母亲看到计划落空，也恼羞成怒，扬言不准蓓拉进她的家门。

事后恩格斯给考茨基去信，严肃批评他这种喜新厌旧的错误行为，让他"自己一个人好好想想整个事情的真正性质和后果"。他告诉考茨基，在以后的生活中必须吸取两个教训：第一，父母不要干预新婚夫妻的生活。这种干预只会给家庭新成员造成痛苦，也间接给子女造成痛苦。第二，在夫妻之间，每个丈夫都会发现自己妻子的某些缺陷，反之亦然，这是正常的，但不要接受第三者的哪怕是好意的过问。过了好几年，恩格斯还用这件事提醒考茨基注意总结生活中的教训，并告诫党内的其他同志。

在路易莎被迫同意与考茨基离婚的时候，恩格斯就曾亲切地对她说："在任何情况下，您都可以把我们的家当作您自己的家。"1890年，路易莎被恩格斯请到自己家里，做他的秘书和管家，直到他逝世。恩格斯将四分之一的财产和全部家具留给了他所尊敬的妇女——路易莎·弗赖贝格尔。

课后练习：批评人应遵守一些什么原则

在生活和工作中，批评和奖励一样必不可少，因为缺点每个人都有，只有认识到自己的缺点才有可能进步。自己认识不到就得靠别人来帮助，这就是批评的价值所在。所以，批评人让对方认识到批评的价值才不会使批评走向误区。

但是，在开展批评时，一定要讲究方式、方法，这里也有艺术性。否则难以达到预期效果。

那么，采取什么样的批评方式才会取得好的效果呢？

（1）体谅对方的情绪，取得对方的信任

这是使批评达到预期效果的第一步。"心直口快"作为人的一种性格来说，在某些方面的确可体现出它的优点，但在批评他人时，"心直口快"者往往不能体谅对方的情绪，图一时"嘴快"，随口而出，过后又把说过的话忘了，而被批评者的心理上却蒙上了一层阴影，同时失去了对批评者的信任。所以，当你在批评他人时，不妨学会从别人的角度来看问题，设身处地地站在对方的立场考虑一下，自己是否能接受得了这种批评。如果所批评的话自己听来都有些生硬，有些愤愤不平，那么就该检讨一下措辞方面有何要修改之处。

另外，也要考虑场合问题。不注意场合的批评，任何人都不会接受的。

（2）诚恳而友好的态度

批评是一个敏感的话题，哪怕是轻微的批评，都不会像赞扬那样使人感到舒畅，而且，批评对象总是用挑剔或敌对的态度来对待批评者。所以，如果批评者态度不诚恳，或居高临下，冷峻生硬，反而会引发矛盾，产生对立情绪，使批评陷入僵局。

因此，批评必须注意态度，诚恳而友好的态度就像一剂润滑剂，往往能使摩擦减少，从而使批评达到预期效果。

（3）只说眼前，不提过去

批评并不是回顾过去，而应该站在如何解决当前的问题、将来如何改进的立场上进行，最重要的是将来，而不是过去。

重视现在，而不是过去。不追究过去，只将现在和将来纳入需要解决的问题，亦即不是责备已成的结果，而是对今后如何做有所"鼓励"，这样的批评法才是理想、得当的说服法。

（4）只论此事，不谈其他

如果一次批评许多事情，不仅使内容相互抵消，而且还可能把握不住重点，同时也容易使受到批评的人意志消沉。

在现实生活中，尤其是面谈时，很容易出现这种情形，日常的工作场合说话的机会很少，所以便趁面谈的机会把过去的一切全盘托出。因此会产生对抗的心理，为了有效地说服，应该尽量避免这样的情形出现。

（5）人员为一对一，莫让他人听到

这是因为批评时若有他人在场，被批评者会有屈辱感，因此心生反感，只会找理由辩解，而无心自省，也就无法产生效果。因此，不到不得已，尤其不要当众批评部下，除非是与自己有信赖关系的部下。

(6) 别用批评来发泄心中的不快

所谓的"批评时不可加入感情",意思是说责备别人时要公事公办,不要混杂私人的不快感情,而是进行冷静的批评。可是,批评是人的感情行为,不可能脱离感情,那种如同戴面具的批评是令人生厌和有违自然的。因此,如何正确地表现感情就成为批评重要的一环。换句话说,透过批评表现出自己的感情打动下属的心,才是有成效的批评。

要想真正打动下属的心,达到说服的效果,绝不能把自己表现得完美无缺,高高在上地批评对方。这样只是使批评的一方获得自我满足,毫无半点成效。而应该将对方的缺点和错误看成是自己的,抱着希望对方能发现自己的过失和错误并予以纠正的心情。

也就是说批评对方也等于批评自己。因此,尤其是作为能左右别人的上司,必须以责己之心来批评部下,否则就收不到真正的批评效果。

"责人如责己",这一点不可忘记。

第五课

口才不是乱逞能　说话要有针对性

有句俗话叫"见什么人说什么话",这里有贬其随风倒的意思,但从口才艺术的角度讲其实并无不妥:对老人、孩子、朋友、陌生人、上司、下属等等,这些不同的对象,说话的方式显然是不能一样的。所以,从一定意义上说,针对性是口才的命根子。

一、如何因人而异地施展口才

1. 从对方得意的事情谈起

每一个人都有自认为得意的事情，这事情的本身，究竟有多大价值，是另一个问题，而在他本人看来，却认为是一件值得终身纪念的事。你如果能预先打听清楚，在有意无意之间，很自然地讲到他得意的事情，只要他对你没有厌恶的情绪，只要他目前没有其他不如意的刺激，在情绪正常的情况下，他一定会高兴听你说的。

你在说的时候当然要注意技巧，表示敬佩，但不要过分推崇，否则反而会引起他的不安。对于事情的关键，要慎重提出，加以正反两方面的阐述，使得他认为你是他的知己。到了这种境地，他自会格外高兴，自会亲自演述，你该一面听、一面说几句表示赞赏的话，如此一来，即使他是个冷静的人，也会变得和蔼可亲，你再利用这一机会，稍稍暗示你的意思，作为第二次进攻的基点。这不是你的失败，而是你的初步成功，对于涉世经验不丰富的人，得此成绩，已不算坏，你若想一举成功，除非对方与你素有交情，又正逢高兴的时候，而且你的谈吐又是很容易令人接受的，否则千万不要存此奢望。

不过，对方得意的事情从哪里去探听呢？当然要另谋途径，先看你的朋友之中，是否有与对方有交往的人，如果有，向他探听当然是最容易的。你如能留心报纸上的新闻，或其他刊物，平日记牢关于对方的得意事情，到时便可以应用。此外，要随时留心交际场中的谈话，这些时候谈到对方得意的事情，也是很平常的事。但是必须注意，对方得意的事情是否曾遭某种打击而不复存在，如有这种情形，千万勿再提起，以免引起对方不快，反而对你不利。因为对方在高兴的时候，你的请求易于接受；对方不高兴的时候，虽是极平常的请求也会遭到拒绝。比方他新近做成一笔发财生意，你去称赞他目光准、手腕灵，引得他眉飞色舞，乘机稍示来意，也是好机会。诸如此类的例子很多，全在于你随时留心，善于利用。

不过当你提出请求时，第一要看时机是否成熟，第二说话要不亢不卑。过分显出哀求的神情，反而会引起对方藐视你的心理。尽管你的心里十分着急，说话表情还是要大方自然，并且要说出为对方着想的理由来，而不是为你自己打算。

2. 措词因人而异

我们在与人交往的时候，如果所讲的事情能够带来心灵的变化，那么，其结果也将改变人际关系。

有关措词的使用，对于上级或不太亲近的人，要用敬语，对小孩就用对待小孩的语言。

也就是说，如果对任何一种人都用同样的措词，同样的口气说话，人家岂不认为你这个人有毛病？也可能你在使用敬语时，对方会说"竟然提到那样的事，这还算是朋友吗"？或是"千万别说那种见外的话，我们交往了多年，应该说是好朋友了"。这就是你的措词不当造成的。

因此，正确的措词和表达方式，是依靠彼此心理的亲疏而定的。不管何时，如果对任何人都以同样的方式进行交谈，总有地方会发生矛盾，重要的是在交谈前就要十分清楚。轻浮而善于逢迎的人多失败在这上头。

是否能正确地衡量他人与自己的关系，这是个人的教养，这也是为什么有教养的人说起话来总让人感到如沐春风的关键所在。

3. 分辨对象说话的技巧

古语中有一个词叫"拾人牙慧",说的是对别人刚说的话很快能明白,而且能够说出他未说完的意思。将这个词用到与人交往时说话的技巧上可以说是恰如其分。

首先,应先了解对方的一些经历情况和生活状况。思维方式不同,人的生活观念也不同,因此,也要特别了解他的生活愿望、生活观念。

其次,必须注意对方的心境特征。如果在交谈当中,不顾对方的心理变化,而一味地将想法统统搬出来,那么,你是得不到他的认同的。一厢情愿的谈话往往会让对方厌恶。

不该说话的时候说了,是犯了急躁的毛病;该说话的时候却没有说,从而失掉了说话的时机;不看对方的态度便贸然开口,叫作闭着眼睛瞎说。在交谈过程中,双方的心理活动是呈渐变状态的,这就要求我们在和人交谈中应兼顾对方的心理活动,使谈话内容和听者的心境变化相适应并同步,这样才能让交谈者心有灵犀,引起共鸣。因为说话时更应清楚对方的身份和性格特征。

性格外向的人易于"喜形于色",和他可以侃侃而谈;性格内向的人多半"沉默寡言",与其交往时则应注意委言婉语、循循善诱。

其三,必须考虑到对方的反应。前不久,有位外国旅游者在旅华期间自杀了,为了减少话语的刺激性,经再三推敲,最后在死亡报告书上回避了"自杀"两字,而用了"从高处自行坠落"这一委婉的词语。在中国北方,老人故世了,以"老了"讳饰,老干部故世了,以"见马克思去了"讳饰,类似的讳饰词语很多。再如,生活中对跛脚老人,改说"您老腿脚不利索";对耳聋的人,改说"耳背";对妇女怀孕说"有喜"。总之,在语言交流中讲究讳饰,也就是"矮子面前莫说矮",

应做到"哪壶不开就别提哪壶"。其他如，长途汽车路边停车，让旅客如厕以"让各位方便一下"来避讳，用餐时需上厕所，一般以去"洗手间"来避讳。在社交场合用这些讳饰式的委婉语，不至于大煞风景。

另外，也可以用曲折含蓄的语言和商洽的语气表达自己看法的方法。例如：1981年8月31日《人民日报》介绍优秀营业员李盼盼，她在卖菜时，对公德观念不强的顾客说："同志，请您当心一点儿，别把菜叶碰下来。"

4. 如何与名人交谈

与名人说话时，不要有害羞畏怯的心理，只要真正表现你内心的意思，你就能与任何名人开口说话。有些人对名人只是一味地说些奉承话及空洞话，这样是不能使对方愉快的。如果你是真诚的，那你就把深烙在内心的印象说给他听，他会感到愉快，但所用的措词和说话的态度要得体。你可以把他视为一位有血有肉的人来对待，对他提出一些能够表达感情的问题，不要把他视为什么超人。他也实实在在像任何人一样，敌不过疲倦，也承受不住伤害。他们可能比你更脆弱，而且与你一样害羞。不要认为他的人格真的就如他借以出名的职业一样。他向公众所投射的信心、睿智、仁慈、滑稽或性感等影像，实际上往往是杜撰的。

当你同时应付两位名流时，不要只顾你所景仰的一位，而置另一位于不顾，这会使他们两位都不自在。你应该说，遇见两位，真是使人兴奋，如果你想和他们继续交谈，那么你必须保证话题是他们二位都能参加意见的。如果你对另一位名人并不熟悉，而且在经过介绍之后，你仍想不起有关他的任何事迹，你也不能对他有所疏忽。你必须一视同仁，表现出同样的热情和友善。

不喜欢说话的名流，包括外貌滑稽突出而似乎容易亲近的喜剧演员在内，他们在舞台上已经笑到了极限，因此，在真实生活中是再也无法幽默的。作家、诗人、画家、音乐家等等从事创作的人，虽不大喜欢说话，但这些人往往对政治乃至于宗教，都有广泛的兴趣。他们在社交场合也许不活跃、不自在，但他们有启发人们思想的独到之处，你和他们说话，必须耐心，不要轻易动怒，也不要太热切，要温和、冷静和体贴，就像应付任何敏感的人一样。

名人往往比寻常人有更多的成就，而且也有私人的嗜好。当你准备去拜访某位名流时，你可以预先做点儿谈话内容的准备，如果他是位知名度很高的名人，那么，你可以向有关方面的人去打听。比如他被邀来本地做演讲，而你想与他结识，那么你即可向邀请他的单位或个人索取有关他的资料，他们不会拒绝你索取资料的心意。

名气一般的名人，总是生活在情绪不稳定的状态中，他们内在的恐惧，使他们脆弱敏感，别人稍有疏忽就会激怒他们，而且他们也容易傲慢。然而，他绝对需要你的尊重和顺从，他的名气越小，他对于亲切、尊重的需要也就越大。

对退了色的名人，也就是过时的名人，最好采取迂回的战术，也即通过第三者来了解他的问题。你的开场白应当是积极的，如这些日子以来你是如何打发的呀？或我们很久没有见你在公众场合露面，你去哪儿了？或这么久不在舞台上露面，觉不觉得无聊呢？这些话等于当头泼他一盆凉水。消极的开场白，要尽量避免。

在多数情形下，与名人谈孩子是不会错的。你可以问对方有几个孩子？多大了？他们现在在哪儿？孩子读的学校好不好？学习成绩好吗？如果你也当了爸爸或妈妈，那么，你就更具备和他们谈孩子的资格了。你可以告诉他们，你的孩子已经长大，或和对方的孩子同龄，你也可以向他们表达，你对孩子蓄长发的感觉，或孩子喜欢搜集小动物等等。且话题不要扯得太远，要适可而止，更不要把所有的私密都抖出来。

我们与大人物接近，最重要的就是不要忽略了他们也是人，对待他们，完全要像对待平常人一样，他们也有欢乐、有悲伤、有缺点、有痛恨、有惊恐，有和平常人一样的感情，他们并不是上帝或神的傀儡，他们并不因为有了地位就不再是人。他们是和你一样的，这即是你和他们接触最坚实的基础。

5. 如何与有钱人说话

有钱人比名流还要敏感，他的富有往往是别人与他谈话发生困难的关键，他的财富使你对他敬而远之——不只是心理上，实际上你的生活方式就和他有很大的一段距离。

他和你之间的谈话材料，因为你对他缺乏了解，甚至完全无知，而变得很有限。或者你可能认为，你和他之间没有谈话的余地了。你当然可以这样使自己获得心理上的平衡，不能谈就不谈，反正于己也无损失。不过，假定你偏巧遇上了一位富翁，不管他是不是你的老板，你不知所措地呆站一旁，总是不好受的。

当你遇到有钱人时，你可以设法让他说往事。过去的工作是否比现在更有趣？他爬到现在这个地位的关键是什么？谁是早年助他成功的英雄？当年的老板是否使他紧张？他的百万财富是不是他自己创造的，以及他怎样赚到他的第一笔百万财富的。如果这些问题问得他不大自在，你就准备跳到其他问题上去吧。不要盯着问，那会使彼此很不愉快的。

如果他不愿意打开他的记忆之门，你就问他的工作时间，问他如何承担那么重大的责任，问他爱好哪些休闲活动，以及怎样布置他的办公室，很多有钱人的办公室，布置得就像豪华气派的皇宫一样，很有一谈的余地。同时要记住，特别是当对方是一位医生时，不要忘了他也是血肉之躯，也是一个普通的人，你也可以和他谈谈他的健康问题。

大富的人如果是一位妇女时，不管她出于哪一行，人们对富婆的看法，往往有失公平，甚至流于残酷。她们的背后有很多流言，比如说她的成功靠的是无情，她是一个残忍、掠夺成性的怪物。一般人对富婆往往持有偏见。

在社交场合，我们不宜向各种专业人员要求提供免费的建议。即使你的问法很有技巧，那也是一种冒犯，而且你问得再有技巧也瞒不过专业人员。男人常喜欢在交际场合和律师谈他们的敌手之间的问题，女人则喜欢在公共场合和医生谈她们的孩子和丈夫。这其实与我们一向所遭遇到的向电器商人索取免费的电器，并无不同。各种专业人员的职务，便是向他们的客户出售商品。我们应该在他们营业时才向他们提出各种建议。

对富翁们事业上的意见，以尽量避免为宜，如果确实有提出的必要，也许可以这样表白你的意见："这次能认识您，真令人高兴，我有一个困扰很久的小问题，我想您也许能解开我的迷惑。我发现有些公司生产的酱油，瓶盖很难打开，我奇怪何以要封得那么紧呢？"你所表达的是同一个意见，但其中有很大的不同。这种表达的方式，既显示出你对问题的关切，又未指名道姓地说出他的产品。你请他解答你的迷惑，你的立场是消费者，是外行人，而他是非常能干的大富翁。他会乐意答复你的问题，因为你是他的听客，不是向他来挑战的。

当你和银行家、鞋店老板或任何孩子的母亲谈话时，你均不宜过份直率；坦率是无可厚非的，但适当的含蓄更值得学习。当我们说："你是怎么使这么多人来光顾你这里的？"和我们说："你这地方何以总是乱成一团？"两句话表示的意思是一致的，但是，你要知道，前者是不会使人难堪，而后者常会引起听者的羞怒。那么，我们何不取前者呢？

说话不是竞争，不是斗嘴。商人把他的时间和金钱都投资在他的事业之中，并与其他的同行竞争，这是他们为生存所付的代价，其中有些人发达起来，有些人还在奋力维持。如果他们能遇见一位能和他们交换意见而没有敌意的人，他们会觉得幸福和快慰的，如果你能发现他们可引以为荣的地方，以及他们觉得有成就和有价值的地方，那么，他们在你的眼前会开花结果的，你们就能形成很好的友谊。

课后练习：怎样看待对象去说话

同样一句话，你对甲说，甲肯全神贯注地听；你对乙说，乙却顾左右而言他。这时候对甲说，甲乐于接受；那个时候对甲说，甲觉得不耐烦。这除了表示甲、乙两个人的生活环境不同外，也表示甲前后的心情不一样。

当年赵高要陷害李斯，对李斯诉说秦二世的行为不对，劝李斯进谏，并约定趁二世有闲的时候，代为通知李斯。有一天，李斯应约进宫，二世正与姬妾取乐，看见李斯进来，心中很不高兴，而李斯却浑然不觉，正言进谏，二世只好当场敷衍一下。等李斯一退出，二世便开始发牢骚，说丞相瞧不起他，什么时候不好说，偏在这个时候来啰嗦！

李斯的杀身之祸就是由此招来的。可见你要与对方说话，应该注意什么时候最适宜。对方正在紧张工作的时候，不要去说话；对方正在焦急的时候，不要去说话；对方正在盛怒的时候，不要去说话；对方正在放浪形骸的时候，也不要去说话；对方正在悲伤的时候，更不要去说话。只要有上述几种情形之一，你去说话，一定会碰一鼻子灰，不但说话的目的达不到，遭冷遇、受训斥也是意料中的事。

你有得意的事，就该与得意的人谈；你有失意的事，应该和失意的人谈。和失意的人谈你得意的事，你不但不知趣，简直是挖苦、讥讽他，他对你的感情，只会更坏，不会变好的。和得意的人谈你失意的事，他至多与你做表面的应付，绝不会表示真实的同情。有时还可能引起误会，以为你是要请他帮助，他会预先防备，使你无法久谈。所以，你要诉苦，应找同情形的人去诉，同病自会相怜，不但能得到精神上的安慰，亦可稍泄胸中不平之气。你要谈得意事，应该向得意的人去谈，志同道合。年轻人涵养功夫不够，稍有得意的事，便逢人就说且自鸣得意，结果招人骂你器小易盈，笑你沾沾自喜，无意中还会惹起别人的妒忌。偶有不如意使你觉得满腹牢骚，如有骨鲠在喉，不免逢人就诉，结果惹人讨厌，说你毫无耐性，甚至笑你活该。

总而言之，你要说话，先要看准对象，他是愿意和你说话的人吗？如果不是，还是不说为好；这个时候，是你要说话的时候吗？如果时候不对，还是不说话的好。诚然，说话的技巧与你说话的成功与失败有着直接关系，同时，是否得其人得其时，也与你说话的成败有很大的关系。多说话，别人未必当你是能干，少说话，也未必当你是呆子。

二、如何得体地跟上司说话

1. 指出上司错误的技巧

有位朋友最近很不开心，他因为在开会的时候指出了上司的错误，事后被召去痛斥了一顿。他觉得自己是对公司关心，才会指出上司的错误，不料反被指责，因此不快。

这位朋友的出发点无疑是好的，但他却不懂选择场合，也太欠缺技巧了。

任何人都不想当众被指出错误，更何况是你的上司？开会时众目睽睽，你竟然把他的错误抖出来，叫他的面子往哪里搁？况且你是他的下属，岂不是说他不如你？也难怪他会生气要对你发泄。

即使并非是开大会，只有你与上司两人，你也不宜直接指出他的错误，特别是上司把自尊看得很重，你要指出其错误时，须懂得避重就轻，要婉转并清楚地传达意思。

举个简单的例子，假如上司写的英文信中有某个单词用错了，把整个意思都歪曲了，做秘书的可以婉转地问上司，表示自己不明白这个单词的解释，请他指点，待他说明以后，可以问他那个单词是否与另一个（正确的单词）相同，此时上司可能会心领神会，回答说用你提的单词也可以，那时你便可将之更改。

其实，只要下属能时常记住自己的身份，便不难避免直说其非的错误。

2. 与上司聊天时，说你应该说的话

与上司打交道时，必须时刻小心才是。当上司问你任何一个问题时，在你的脑际都要很快闪过这类念头：他提问的真正"目的"何在？然后针对他的"目的"，具体地回答，而并非问什么都如实地回答。

我们说在上司面前不要直言不讳，在这里要强调的是，所谓的不要直言不讳，并不是让你满口胡说八道。人家问你是财经大学毕业的吗？你答成了清华大学，这当然是不可以的。

但是接下来，当对方问你："当初为什么先去当兵？"此时你就不要傻里傻气地回答："因为考不上大学，只好去当兵。当兵回来有加分，所以考取了。"这未免太离谱了，哪有人自揭老底的？这种问题是查无实据可以美化的，自然要美化一番。正确的答法应当是："当时生了一场重病，因此误了考试。而当看到征兵期到了，我的病也好了，只得去当兵。"与上司聊天尤其是闲聊时，往往在上司的随意面前放松警惕而口不择言，说出一些本来不该说、平常不敢说的话，其结果会很快反映在上司对你的认识和任用上。

3. 不可贸然向上司进言

中国古代法家代表人物韩非认为,部属不能随便向上司进言。他的论断虽有些偏激,但反映了进言宜慎重这个真理。韩非列举了进言者的九种危险,不妨参考一下:

(1) 君主秘密策划的事,不知情者贸然进言就会有危险。

(2) 君主表里不一的事,谁把这个情况说破,谁就会有危险。

(3) 在进言被采纳的情况下,如果进言的内容被他人得到了,进言的人就要受到泄密的怀疑。

(4) 当为官的经历还不深,还没得到君主信任时,如果把自己的才能全显露出来,那么,即使谋划成功,也不会受奖赏;如果谋划失败,又会受怀疑。

(5) 揭露君主的过失,用道德理论加以指责,那是危险的。

(6) 君主用他人的意见获得成功,并把这个成功归于自己,知道这个秘密的人会有危险。

(7) 强制君主从事自己能力以上的事,这样的事会让君主难堪,这个进言者会有危险。

(8) 如果君主谈论人的品格,又别有所指,接着再谈论平庸的人,并有煽动之意,幕僚们就要有所警惕。

(9) 在向君主进言时,只说大话,毫无针对性,当仔细讨论时,就会让人反感;如果发言过于小心,就会被认为是愚笨;如果高谈阔论自己的计划,就会被斥为信口开河。

4. 不要和上司称兄道弟

我们不一定要把组织弄得像军队一般的严谨，但对于上司和下属的关系也应划分清楚；不可有搪塞马虎、得过且过的想法。凡事轻率随便的态度，往往给人无法信赖的感觉。

主从关系必须严格划分，不可乱了分寸，权责不明、未经授权而强出头，对上司所指派的任务如任意曲解、自作主张，将使整个组织失控。

在这里举个较为浅显的例子：行进间如遇上级，必须等长官通过自己再行进；上、下台阶时，必须先停止、行注目礼后再随后前进。

在企业组织中，上下级之间的关系最容易混淆，常有冲犯而不自知。年轻气盛的员工，只为凸显、膨胀自己的角色，往往不知礼貌，动辄直呼长官名字，或者干脆称兄道弟，这些没大没小的幼稚行为，都是办公室里忌讳的。

上级有事召见时，切忌推三阻四、耍"派头"，给人气度不凡且又成不了大事的印象。尤其不可打断他人的谈话，有意见时须待他人的发言告一段落再表达自己的意见。

交谈对象若为上级主管，不可省略对他的职务身份的称呼，必须冠以"某科长"、"某主任"等尊谓；即使在平辈间，也不可疏于礼貌，应以"先生"、"小姐"或以"某科长"、"某主任"等称呼为宜。

5. 在公开场合提意见要把握分寸

中国人是最讲究面子的，这种偏好源自五千年的文化，又扎根于伦理型的社会人际关系的网络之中，根深蒂固，几乎无人能够幸免。

好面子，其实就是要做到一团和气，要"和为贵"。人人头上有青天，各自相安无事，自然皆大欢喜。这是中国人处理人际关系、整合全社会的一个独特方式。从中国人在饭馆争着付钱到婚娶喜宴上的"见面礼"，无不透露出中国人的"面子"哲学。因此，就中国的传统而言，在公共场合，都是比较注意面子的，不但给别人面子，自己也要争面子。

这种"面子"哲学的另一面便是除非迫不得已，绝不首先撕破面子。即使是对手心里已藏满刻骨仇恨，表面上却依然面带微笑。而一旦有人敢于直言不讳，不给别人面子，这在中国人眼里表明其具有相当的敌意，甚至是发出挑战的信号。因为在逻辑上我们可以很方便地做出推论，即首先撕破了面子，那就肯定是出于迫不得已，或者是受人胁迫，或者便是心有怨气而不得不发。

领导也是人，即使这种"面子"哲学是错的，但在中国这种文化氛围和社会环境下，我们都会不可避免地套用中国人独特的思维习惯和模式，得出相似的结论。

在领导的眼里，如果自己的下属在公开场合使自己下不了台，丢了面子，那么这个下属肯定是对自己抱有敌意或成见，甚至有可能是有组织、有预谋地公开发难，正如一位心理学家所说的那样："人们都喜欢喜欢他的人，人们都不喜欢不喜欢他的人。"这样，在公开场合不给领导留面子的结果便是，领导要么给予以牙还牙的还击，通过行使权威来找回面子，要么便怀恨在心，以秋后算账的方式慢慢报复。

这种结果，自然是下属在提出批评和意见时所不愿看到的，也违背了他的初衷。他大概忘记了，无论是领导，还是他本人，都是中国人，都生活在充满人情味儿、十分讲究人际和谐的同一个社会中。

领导十分在意自己在公开场合，特别是有其他领导或者众多下属在场的时候的面子，这决不仅仅是因为有个文化的潜意识在作祟，更是在于领导从行使权力的角度出发，维护自己权威的需要。这种需要因受到公开的检验而变得更加强烈甚至是不可或缺。

如果下级的意见使领导感到难堪，即使下级是出于善意的愿望，即使下级的确是"对事不对人"，但其结果却必然是一样的：使领导的威信受到损害，自尊受到伤害。

威信受到损害，便会使权力的行使效力受到损失。它影响到领导在今后决策、执行、监督等各个方面的决定权和影响力。因为人们不禁要问，他说的是否都对呢？是否会产生应有的效果？……这样，下级在执行中便多了几分疑虑，这必然会降低领导权力的有效性。因为服从越多，权力的效果就会越好。行使权力必须要以有效的服从为前提；没有服从，权力就会空有其名。

自尊受到伤害，是最伤人的感情的，因为它触动了人最为敏感的地带，在公开场合丢面子，这说明领导正在失去对下级的有效控制，于是，人们不禁对他个人的能力乃至人格都产生了怀疑。因此，无论是谁，身处此境，最先的反应肯定是怒火中烧，而不是理智地对意见内容的合理性进行分析。那么，他此后的一系列举动肯定都是很情绪化的。即使他很有面子、很得体地将这件事掩饰过去，情感上的愤怒依然是存在的，这个阴影将会把你美好的印象浸没，使你在后来饱尝麻烦，悔恨不已。

因此，当一位领导当众受到下属的伤害、丢了面子时，即使当场不便发作，日后也会有所忌恨，甚至予以报复。因为如果他不这样做的话，可能还会有其他人当庭责难，使他下不了台。"杀一儆百"、"杀鸡给猴看"的道理正是缘于此啊！

唐代，魏征也算是唐太宗的心腹之臣了，他一向为唐太宗所重用，但唐太宗也因为面子受损的事几欲杀掉魏征。

一次上朝，魏征当着朝臣之面犯颜直谏某事，顶得唐太宗面红耳赤，大丢脸面，但唐太宗还算是一个清明有为的皇帝，考虑到自己曾叫大臣"事有得失，毋惜尽言"，所以当堂不好发作。但罢朝之后，却是怒气冲冲地嚷道："总有一天我要杀死这个乡巴佬！"长孙皇后问他要杀谁，太宗说："魏征常常在朝廷羞辱我。"皇后闻言心中大惊，因为唐太宗确有过因厌烦大臣劝谏而杀人的事，而且她知道太宗的脾气，于是急中生智，用当庭恭贺的办法使唐太宗突然醒悟，才免了魏征死罪。不过，在魏征死后，唐太宗仍派人推倒了他的坟碑，这大概是心中之怒气长期郁结不得消散之故吧！

试想，如果唐太宗并没有这么英明，并没有这么大的胸怀和气量；如果皇后没有想出一个好办法替魏征说情；如果唐太宗对魏征并不是那么信任和了解，恐怕魏征的脑袋早就搬家了。这其中的经验与教训不能不为下属三思，引以为戒。

所以，下级在公共场合给领导提意见时，一定要注意给领导留有面子。

留面子，首先表明你对领导是善意的，是出于对领导的关心和爱护，是为了帮助领导做好工作。这样，他才愿意理智地分析你的看法。

留面子，还表明你是尊重领导的，你依旧服从他的权威，你的意见并不是代表你在指责他，相反，你是在为他的工作着想。

留面子，其实就等于给自己留下了充分的余地，下属可利用这个余地同领导在私下里进行更为深入的交流和探讨。同时这个余地还表明，下属只是行使了一定的建议权，而领导仍保有最终决断的权威。留有余地，还会使下属能够做到进退自如，一旦提出的意见并不确切或恰当，还有替自己找回面子的余地。

当然，我们讲公开场合提意见要注意领导的面子，并不是鼓励下属"见风使舵"，做"老好人"。我们是非常赞成对领导多提建设性的宝贵意见的，同时也对直言不讳、敢犯龙颜者表示深深的敬意，我们的着眼点在于提醒大家提意见要注意场合、分寸，要讲究方式、方法。

历史的经验证明，如果只注重提意见的初衷和意见的合理性，而不去考虑它的实际效果，这样的劝谏只能给下属带来灾祸。我们衷心地劝戒每一位下属，一定要在公开场合给领导留面子。

第五课 >>> 口才不是乱逞能 说话要有针对性

课后练习：怎样看人脸色说对话

经常听到这样的抱怨：晚辈怪长辈偏心；下属怪上司只心疼心腹；业务员怪老板只看重主管……一味地认定是对方不能一碗水端平，似乎很少有人会检讨一下，为什么那些人会讨人喜欢、让人疼？或许就是因为那些人拥有别人所没有的优势，才会受到不一样的对待啊！又何必忿忿不平地嚷嚷呢？

与其让不平衡的心态跟着自己走一生，何不尝试改变一下，看看是否也像别人一样找着了春天！

既然话通常不是对着自己说的，那么就得看看对方的脸色，再适当地表达，才不会出错。当别人烦躁的时候，却凑上去嘀嘀咕咕；或是人家正兴高采烈时，你一不小心浇他一头冷水，都是太不知趣了。当然，如果想让对方同意自己的想法，更需要观察对方的脸色，再选择合适的表达方法。所以，看人脸色没什么不对，倒是那些从来不去管别人感觉的人，才需要好好反省一下。

有些人天生就比较敏感，能很轻易地看出别人的情绪反应。拥有这种知己知彼的能力，做起事情来就容易百战百胜。所以，这是一种沟通上的优势，有了这种优势，沟通时就轻松多了。

通过观察，可以洞察先机，知道对方的想法，就算觉察对方有不同的意见，心里也有数，可以在心里有所准备，事先化解；也可以针对别人的反应，妥善安排自己的进退应对，依照对方的反应，适时给予鼓励赞美，把话说在适当时机，刚好说进对方的心坎里；发现对方不悦，临时刹车，避免沟通恶化，见风转舵随机应变，事情就不会搞砸了；随时留心对方的脸色，适可而止地指出对方的问题，让对方有个台阶下。这样的沟通，一切都掌控在自己的手中，事情还能不顺畅吗？

虽说察言观色有天赋的成分，但也是可以学习的，怎么学呢？

和别人说话的时候，要慢半拍，仔细看看对方的表情，判断一下自己的这句话会引起什么反应。

传递坏消息时："我们似乎碰到一些状况……"你刚刚才得知，一件非常重要的工作出了问题，此时，你应该以不带情绪起伏的声调，从容不迫地说出本句型，千万别慌慌张张，也别使用"问题"或"麻烦"等字眼，要让上司觉得事情并非无法解决。

上司询问你事情的处理情况时，你回答："我马上处理。"冷静、迅速地做出这样的回答，会给上司留下你是有效率和听话的好部属的印象。

表现出团队精神时说："莎拉的主意真不错！"莎拉想出了一个连上司都赞赏的绝妙点子，趁着上司听到的时刻说出本句型，做一个不忌妒同事的部属，会让上司觉得你本性善良、富有团队精神，因而对你另眼看待。

闪避你不知道的事时说："让我再认真地想一想，三点以前给你答复好吗？"当上司问了你某个与业务有关的问题，而你不知该如何做答时，千万不可以说"不知道"，可利用本句型暂时解危，不过事后可得做足功课，按时交出你的答复。

三、如何运用口才跟客户做生意

1. 打开客户的话匣子

在销售当中，介绍产品固然重要，但有时对方决定买与不买并不完全取决于产品，所以一定不要滔滔不绝地谈论你的产品，而要把说话的权利让给客户，不知不觉中他就会自愿和你做生意了。

有的人为了博得别人赞同自己的意见，总是自己说太多的话，尤其是售货员更易犯这个严重的毛病。让别人说出他自己的意见来，他对于自己的问题，总比你明白得多。所以应当问别人问题，让他告诉你一些事情。

有这样一个故事，可以提供参考：

美国某大汽车公司经理打算订汽车内所用帷布座套，织物数量需供一年之用。有几个大帷套制造厂家把货样送去备选。那位经理看完各家的货样之后，就让三家制造厂某日各派一位代表前来商谈，到时决定用谁的货。

史蒂夫是其中一个工厂的代表，就在他去汽车公司的那天，忽然患了严重的喉头炎，史蒂夫后来说："等我去见那位经理的时候我竟因喉痛无声，甚至连一点小声音也发不出来。当时我被引进一间屋里，看见在座的有纺织工程师、采买主任、售货主任及公司经理。我使尽力气说话，但只能发出一点沙沙的声音。"

"我们是围桌坐的，于是我取纸片写道：'经理先生，我因喉痛发不出声来，我没话可说。'"

"那位经理说道：'让我来替你说。'他展示我的货样并赞美样品的优点。他们立刻开始讨论我的货样。那位经理因为是替我讲话，所以讨论的时候也是一直帮着我。我只能随时笑着、点头及做一些姿势。"

"那次奇特的商谈会的会商结果是我获得了订货合同。一共订购绒幔帷50万码，计值160万元——这是我从来未曾得过的最大的一批订货量。"

"我知道若不是因为我患病不能说话，我一定得不到那批买卖，因为我想提出的意见根本是错误的，完全是由于偶然，使我发现有时候完全让别人说话是上上之策。"

美国《时代周刊》经济版某日登出了一段醒目的广告——某商业

组织要征聘一位具有特殊才能与经验的人。约瑟便投函指定的信箱应聘。没几天,他接到信要他去面谈,他在未去之前,先到华尔街搜集了关于那家买卖创办人的事迹。见面的时候,约瑟道:"我感觉十二万分荣幸,能进入像您这样有成绩的商业组织。我听说在28年前您最初开办这家组织时,仅有一间屋子、一张桌子、一位速记员。那是真的吗?"

凡事业成功的人,几乎都喜欢回忆当年他的一些情况。这位先生当然也不例外。他谈了很多当初他如何在只有450美元的现款及一种创业的意志就开业,如何与揶揄讥笑他的人们斗争,他没有休息日,每天工作12~16小时,最后怎样战胜了一切困难,直到现在华尔街的最大金融家也要向他来请教。他对于这样的成就很觉得意。最后,他简单地问了约瑟的经历,并请一位经理来说道:"我认为这位约瑟就是我们所要征寻的人才。"

通过你片言只语的启发,让客户自愿地倾诉,满足了他作为你面前的"成功人士"的心理预期,也使他平时无法释放的某种情绪得以释放,在他志得意满的时候,做成生意也就是水到渠成的事情。所以说,让对方打开话匣子,也就掌握了自己谈话的主动权。

2. 用客户喜欢听的话打动其心

"说别人喜欢听的话,双方都会有收获",这正是经营者的成功法则之一。

投其所好,是一种艺术、一种智慧,实际上是一种沟通。它是寻求不同职位、不同行业、不同经历的买卖双方的利益共同点的一种方法。就像将两匹驰骋在旷野上的骏马拉入同一条跑道中一样,投其所好,是调动你的知识、才能的优势,向购买者发起心理攻势,直达"俘获"对方的目的。

第五课 口才不是乱逞能 说话要有针对性

有一位美国的老妇人向史蒂夫·哈维推销保险。她以一个深入人心的微笑和温暖的握手解除了哈维的"武装",使他成为一个"心甘情愿的受害者"。这位推销员带来了一份全年的哈维主编的杂志《希尔的黄金定律》,滔滔不绝地向他谈她读杂志的感受,赞誉他"所从事的是今天世界上任何人都比不上的最美好的工作"。她的迷人的谈话将主编迷惑了45分钟,直到访问的最后3分钟,才巧妙地介绍自己所推销的保险的长处。就这样,老妇人和哈维成交了预定购买的保险金额5倍的保险业务。

面包商杜维一直试着将面包卖到纽约某家饭店。他在连续4年内,经常打电话给饭店经理,参加该经理的社交聚会,甚至在饭店订了房间,住在那里搞推销,结果都失败了。杜维在研究了为人处世之道后改变了策略,决定找到经理的"兴趣点"。他打听到该经理是"美国招待者协会"的主席,于是不论在何处举行活动,他都必定去出席,哪怕是跋涉千山万水。于是,杜维再次见到经理时,就和他谈论他的"招待者协会",经理反应异乎寻常,一下子就打开了话匣子,语调充满着激情、热忱,"协会"显然是他的"生命之焰"、精神支柱。经理在面包商离开办公室之前,"卖"给了他一张协会的会员证。杜维只字未谈面包销售之事。几天以后,饭店的人主动打电话要他们送面包样品和价格单。4年努力未成,一朝交谈得手,全在于"投其所好"。

求助于他人,有时用单刀直入、"竹筒倒豆子——直来直去"的方法显然难以奏效。反之,若是运用曲径通幽、渐入佳境的方法,往往会达到预期的目的。投其所好不是教你狡诈,不是坑蒙拐骗,它也是真诚的一种。它需要动一点脑筋,是心智机能的调动,是经营者自身素质的提高,美国总统罗斯福为了"投"一个谈话对象的"所好",不管是纽约政客还是外交官,或是牛仔和骑兵,他都要在客人来到的前一天晚上"备课",翻阅他所知道的这位客人特别感兴趣的题目。

在经营、推销活动中,既要知彼,又要知己,同时再加上巧妙的周旋、艺术的交谈、推销，你就能让主顾心甘情愿地解囊，在生意场上做到游刃有余。

3. 此路不通何妨换一条

与对方谈生意碰壁是常有的事，有的时候因为人家根本不需要，有的时候——在买方市场条件下人家可以有很多选择。这时候，如果能换一种切入角度，寻找打动对方的关键，加以言辞的妥当修饰，定会柳暗花明。

希尔广告公司的斯通先生到一个家具商场去实施一项推销计划，一开口就吃了"闭门羹"。商场经理拒绝参加，使斯通先生十分尴尬，但斯通先生只是笑笑说："无妨，那我就当您的一个顾客吧。"经理对此不能不表示欢迎。看过商品之后，斯通先生指着一种优质进口床垫问商场经理销路如何，经理不由叹道："一般顾客对一种新品牌总有个认识过程。"斯通先生给他出了个"点子"：在楼梯口放张床垫，再在旁边迎门立一块告示牌，上书："踩断一根簧，送您一张床。"经理将信将疑地照办了。结果，顾客进店先蹦床成为该商场的一道风景，人们闻讯而至，争相蹦踏，笑声不息，接下来的经济效益可想而知了。后来，商场经理专门宴请斯通先生并主动表示愿意加入那项营销计划。

像斯通先生一样，许多人的成功就在于直路不通，便走弯路，先给别人一点"好处"，让其受益。"予之"后，"取之"就容易多了。

安琪到美国后在纽约打工。他苦苦奔波于各个人才市场之间，但还是求职无门。怎样才能"打进去"呢？他终于想出了一个办法。当他深入多个家具市场进行观察有了新的发现后，就找到一家不太景气的家具公司。"我们公司不要人"，他刚一开口，就被工作人员挡了回去。"你能听我说完我的想法吗？"于是他先简短精练地说了自己想如何改变家具样式，使之更适合现代人的需求的想法，然后紧接着说："百听不如一试，你们先给我一个机会。让我试工两个月，如果经我设计的家具不能打开市场，不用你们说话，我就自己走人。"工作人员被他新颖的想法吸引了，赶忙给经理打电话说明了情况，结果安琪顺利"过关"了。后来他设计的新式家具在订货会上果真受到欢迎。安琪终于谋到了一份称心如意的工作。安琪先声夺人地把自己的创新告诉别人，使他们知道了自己的才能；而对家具公司来说，安琪的想法可是一笔"财富"，他们得到了实惠，自然要聘请安琪的，这一招正迎合了人们向"好"的心理。我们做生意大可不必让别人"笑到最后"，刚开始，就让对方尝到甜头，以后笑得会更灿烂。

然而，碍于某种情面，当我们给予对方一定物质的实惠时，说得太过于直接就有伤大雅，有时会使对方感到尴尬，甚至因厌烦而回绝我们。所以，在提供"实惠"时也是要掌握一定技巧的。

4. 不要忽视电话沟通

打电话，已成为我们日常生活和商务交流中最普遍的方式之一，但商务电话与家用电话有很大差别。作为一名商界从业者，你每天都要接听很多电话，也要打出无数个电话。与你在电话中进行交流的可能是你的熟人，也可能是一些陌生的顾客。短短的一根电话线，有时可能决定着你人生和事业中的某件重大事情，决定着你事业的成败。当你打电话或接听电话的时候，你能自如地运用自己的语言吗？你能让对方觉得你诚实可信吗？你能在互不见面的情况下主动驾驭对方吗？

作为一名管理者，你的大部分信息交流和业务都是通过电话来实现的，无论是回答别人的咨询，阐述自己的观点，还是决定一项商业事务或者处理一个令人头疼的电话。语言运用的技巧也是节省金钱和时间的有效途径。掌握打电话的技巧能够有效地防止你进行没有必要的交谈。尽管电话交流如此重要，也仍然有许多管理者不能有效地利用这种工具。每天都有许多人不能通过电话很得体地处理他们的事情。

电话沟通只闻其声不见其人，要想达成交易恐怕比面对面还要难。所以，对说话的技巧更要注意：

（1）打电话时要简短，而且声音要柔和。我们不知道别人有多忙，或甚至认为施压给他为理所当然，这是不对的。千万不要浪费别人的时间。打电话时，要保持语气柔和、轻松，并尽可能用最短的时间表达你的意思，然后结束。如果你遵循这个原则来打电话，别人会很乐意在办公室里接听你的电话。

（2）注意听对方在说些什么。当你接听电话时，不要同时看其他报纸，或是阅读放在桌上的一篇报告，否则你会错失重要的谈话内容。对方也许已注意到你的兴致不高，他也不知道该怎么办。这样一来，谈话时间就会拉长，比原计划长了很多。要注意保持轻松，有适当的间歇，这样电话就会很快结束，当然结果也就愈能称心如意。

（3）不要突然转身与办公室里的其他人说话，因而打断电话。当你料想必是你的电话时，你的注意力是与你交谈的人最在意的问题，你不应该请别人帮忙去接听。同样地，当你约了别人来办公室商谈某事，却在这时候一直打电话，这种举动实在无礼且没效率。

（4）说话清晰明了，不要兜圈绕弯，把你的意思直接传达给对方。

（5）用你正常的声音说话，避免声音过大或过小。使用正常的语速，不要过快或过慢。同时适当地改变语调会取得最佳效果，既能表达重点，也能增添话语的感情色彩与活力，同时有助于对方了解你的意图。

（6）准确说出重要客户的姓名，你可以使用电话记事本记录对方姓名的准确发音，这样会避免回电话时因念错对方的姓名而尴尬。

（7）如果使用免提电话，应该不停地询问对方是否听得清楚你的声音，许多免提电话听上去声音空荡，因此很多人不喜欢使用它，你最好也不要使用。

5. 正确应对客户的"不"

客户拒绝你的推销建议是再正常不过的事，而推销正是从客户拒绝开始的，是一个主动说服顾客从不愿购买到决定购买的过程，所以作为一名合格的推销员，面对顾客的拒绝不能因此感到沮丧，而应从对方的拒绝中搜集信息，找到对路的游说方法。

是的，关键并不在于顾客一开始如何说，而在于推销员怎样尽自己的努力说服对方把"不"变为"是"。

其实你可以把对方所说的"不"看作一种打招呼的方式，就像"上午好"一样，这种打招呼当然可以从容应对。他说"上午好"，你也回以"上午好"就可以了。但对方所说的是"不"，你当然不可以也来一句"不"，那么到底应该以什么样的方式去应答对方的话呢？或者说，面对"不"的招呼应该从哪些方面去想呢？

下面介绍一下对方说"不"之后的应对方法。

（1）应该把"不"当作一种挑战目标，听到这个字眼，就像有了一个明确的目标，而准备好勇往直前、全力以赴，直到攻克、征服这个目标为止。

（2）应该想象"不"这个字眼悦耳动听，甚至还可以认为这是一种信号，促使你"提起精神"。

（3）听到客户说"不"，你应该积极地去思考："他根据什么说'不'呢？"设法尽快找出使他不买的原因。

（4）对方开口说"不"，你应该进一步想："这次商谈有什么地方不够充分呢？"

（5）如果对方说"不"，或许可以认为这是一种提醒，告诉你必须变换一种方式才能行得通。

（6）这一次对方说"不"，就把这次商谈的内容当作资料好好研究，找出此次商谈的不足，总结经验，认真为下一次商谈的成功做好充分准备。

这样，通过被拒绝而从中不断学习，就可以不断提高自己的能力，完善自己的说话技巧，从而使更多的"不"变为"是"，提高推销的成功率。

课后练习：怎样找到一个跟客户交流的口才借力点

如果遇到一个新客户，直接谈生意可能太突然。这时说话要找一个"由头"，借他人之言说到主题，迂回一下很快就能达到目的。

某人为了推销茶叶来到某公司，他知道某公司的经理与某局长是老相识，便打听到经理的住处，提一袋水果前往拜访，彼此寒暄后，他说出了几句这样的话：

"这次能找到你的门，是得到了张局长的介绍，他还请我替他向您问好。"

"说实在的，第一次见面就使我十分高兴。听张局长说，你们的公司还没有买福利用的茶叶。"

第二天，这位推销员向该公司推销茶叶便成交了。此人的高明之处是有意撇开自己，用"得到了张局长的介绍"这种别人口中言，传我心腹事，这种借他人之力的迂回攻击法，令对方很快就接受了。

一天，一位办理房地产转让业务的房产公司推销员来到一位朋友家，带着朋友的朋友的介绍信。彼此一番寒暄客套之后，就听他讲开了：

"此次幸会，是因为我的上司赵科长极为敬佩您，叮嘱我若拜访阁下时，务请先生您在这本书上签名。"他边说边从公文包里取出这位朋友最近出版的新著。于是这位朋友不由自主地信任起他来。在这里，赵科长的仰慕和签书的要求只不过是个借口,来者的目的是对这位朋友进行恭维,使他开怀。

此种情况,由不得人家不照他的话去做。这种社交手段,确实难以招架。

素不相识,陌路相逢,如何让所求之人了解你与他是朋友的朋友、亲戚的亲戚,显然十分牵强,但一般人不驳朋友的面子,断不至于让你吃闭门羹。这是一条交际的捷径。

与不相识的人打交道,通过第三者的言谈,来传达自己的心情和愿望,在办事儿过程中是常有的事。人们会不自觉地发挥这一技巧。比如:"我听同事老张说,你是个热心人,求你办这件事儿肯定错不了。"但要当心,这种话不是说说而已的,也不能太离谱,有时有必要事先做些调查研究。

为了事先了解对方,可向他人打听有关对方的情况。第三者提供的情况是很重要的,尤其是与对方的初次会面有重大意义时,更应该尽可能多方收集对方的资料。但是,对于第三者提供的情况,也不能全部端来当话说,还要根据需要有所取舍,配合自己的临场观察、切身体验灵活引用。同时,还必须切实弄清这个第三者与被托付者之间的关系。这一点非常重要,不然,说不定效果适得其反。

四、如何让口才的运用更加稳妥

1. 言多必失,祸从口出

随便说话的害处是非常多的。比如某君有不可告人的隐私,你说话时偏偏在无意中说到他的隐私,说者无心,听者有意,他会认为你是有意跟他过不去，从此对你恨之入骨；他做的事，别有用心，极力掩饰不使人知，如果被你知道了，必然对你非常不利。

如果你与对方非常熟悉，绝对不能向他表明，你绝不泄密，那将会自找麻烦。唯一可行的办法，只有假装不知，若无其事；他有阴谋诡计，你却参与其事，代为决策，帮他执行，从乐观的方面来说，你是他的心腹，而从悲观的方面来说，你是他的心腹之患。

你有得意的事，就该与得意的人谈；你有失意的事，应该和失意的人谈。说话时一定要掌握好时机和火候。不然的话，一定会碰一鼻子灰，不但目的达不到，而遭冷遇、受申斥也是意料中的事。有些奸佞小人，巧妙地利用了别人在说话时机、场合上的失误，拿他人当枪使，以达到损人利己的目的。

有句老话叫作"祸从口出"，为人处世一定要把好口风，什么话能说，什么话不能说，什么话可信，什么话不可信，都要在脑子里多绕几个弯子，心里有个小九九。害人之心不可有，防人之心不可无。一旦中了小人的圈套为其利用，后悔就来不及了！

每个人都有自己的秘密，都有一些压在心里不愿为人知的事情。同事之间，哪怕感情不错，也不要随便把你的事情、你的秘密告诉对方，这是一个不容忽视的问题。

你的秘密可能是私事，也可能与公司的事有关，如果你无意之中说给了同事，很快，这些秘密就不再是秘密了。它会成为公司上下人人皆知的故事。这样，对你极为不利，至少会让同事多多少少对你产生一点"疑问"，而对你的形象造成伤害。

还有，你的秘密，一旦告诉了一个别有用心的人，他虽然不可能在公司进行传播，但在关键时刻，他会拿出你的秘密作为武器回击你，使你在竞争中失败。因为一般说来，个人的秘密大多是一些不甚体面、不甚光彩甚至是有很大污点的事情。这个把柄若让人抓住，你的竞争力就会大大地削弱。

第五课 >>> 口才不是乱逞能 说话要有针对性

小窦是某唱片公司的业务员，他因工作认真、勤于思考，业绩良好，被公司确定为中层后备干部候选人。只因他无意间透露了一个属于自己的秘密而被竞争对手击败，终于没被重用。

小窦和同事李为私交甚好，常在一起喝酒聊天。一个周末，他备了一些酒菜约了李为在宿舍里共饮。俩人酒越喝越多，话越说越多。酒已微醉的小窦向李为说了一件他对任何人也没有说过的事。

"我高中毕业后没考上大学，有一段时间没事干，心情特别不好。有一次和几个哥们儿喝了些酒，回家时看见路边停着一辆摩托车，一见四周无人，一个朋友撬开锁，由我把车给开走了。后来，那朋友盗窃时被逮住，送到了派出所，供出了我。结果我被判了刑。刑满后我四处找工作，处处没人要。没办法，经朋友介绍我才来到厦门。不管咋说，现在咱得珍惜，得给公司好好干。"

小窦来公司3年后，公司根据他的表现和业绩，把他和李为确定为业务部副经理候选人。总经理找他谈话时，他表示一定加倍努力，不辜负领导的厚望。

谁知道，没过两天，公司人事部突然宣布李为为业务部副经理，小窦调出业务部另行安排工作。

事后，小窦才从人事部了解到，是李为从中捣的鬼。原来，在候选人名单确定后，李为便到总经理办公室，向总经理谈了小窦曾被判刑坐牢的事。不难想象，一个曾经犯过法的人，老板怎么会重用呢？尽管你现在表现得不错，可历史上那个污点是怎么也不会擦洗干净的。

知道真相后，小窦又气又恨又无奈，只得接受调遣，去了别的不怎么重要的部门上班。

既然秘密是自己的，无论如何也不能对同事讲。你不讲，保住属于自己的隐私，没有什么坏处；如果你讲给了别人，情况就不一样了，说不定什么时候别人会以此为把柄攻击你，使你有口难言。

所以说，只有恰到好处地把握好说话的分寸，才会在与人交往的过程中做到游刃有余，而且也不会给自己招来祸端。

2. 追求最理想的说话效果

说话的角度不同，得到的结果也会不同，所以，动口之前一定要先想一想从哪个角度说才能达到理想的效果。

有两个年轻的修士同时进入一所修道院修道，两人过去都有抽烟的习惯。

为了能一解烟瘾，其中一位去问老院长："能不能在祷告的时候抽烟？"结果此人被臭骂一顿。

另一个修士问老院长："可不可以一边抽烟一边祷告？"这人居然被院长大大地夸奖一番，称赞他连抽烟都想到要祷告。

这两个修士，所做的事是一样的。只因说话的角度不同，而招来了两种截然不同的待遇。可见，我们在说话之前，得好好地打打草稿。

一个人为了庆祝自己的40岁生日，特别邀请了4个朋友在家中吃饭庆祝。

三个人准时到达了，只剩一人，不知何故，迟迟没有来。

这人有些着急，不禁脱口而出："急死人啦！该来的怎么还没来呢？"

其中有一人听了之后很不高兴，对主人说："你说该来的还没来，意思就是我们是不该来了，那我告辞了，再见。"说完，就气冲冲地走了。

一人没来，另一人又气走了，这人急得又冒出一句："真是的，不该走的却走了。"

剩下的两人，其中有一个生气地说："照你这么讲，该走的是我们啦！好，我走。"说完，掉头就走了。

又把一个人气走了，主人急得如热锅上的蚂蚁，不知所措。

最后剩下的这一个朋友交情较深，就劝这人说："朋友都被你气走了，你说话应该留意一下。"

这人很无奈地说："他们全都误会我了，我根本不是说他们。"

最后这位朋友听了，再也按捺不住，脸色大变道："什么？你不是说他们，那就是说我啦！莫名其妙，有什么了不起。"说完，铁青着脸走了。

言者无心，可听者有意。语言表述不慎，往往引发歧义。因此，我们在说话之前，一定要考虑周全，脱口而出的话，往往会得罪别人。

3. 说话要顾及别人的面子

有位文化界人士，每年都会受邀参加某专业团体的杂志年终评鉴工作，这工作虽然报酬不多，但却是一项难得的荣誉，很多人想参加却找不到门路，也有人只参加一两次，就再也没有机会。问他为何年年有此殊荣，他在退了休不再参加此项工作后才公开了其中秘诀。

他说，他的专业眼光并不是关键，他的职位也不是重点，他之所以能年年被邀请，是因为他很会给人留面子。他说，他在公开的评审会议上一定把握一个原则：多称赞、鼓励而少批评，但会议结束之后，他会找杂志的编辑人员，私底下告诉他们编辑上存在的问题。因此虽然杂志有先后名次，但每个人都保住了面子，而也就因为他顾虑到别人的面子，承办该项业务的人员和各杂志的编辑人员，都很尊敬他、喜欢他，当然也就每年找他当评审了。

其实，我们生活中的每一个人，都非常重视自己的面子，为了面子，小则翻脸，大则会闹出人命；如果你是个对面子冷感的人，那么你必定是个不受欢迎的人；如果你是个只顾自己面子，却不顾别人面子的人，那么你肯定有一天要吃暗亏。

所以在待人处世中，必须注意要给别人留足面子，这也就是很多待人处世高手不轻易在公开场合批评别人的原因，宁可高帽子一顶顶地送，也不能戳到别人的痛处，让对方丢掉了面子。而且，如果你照顾到了对方的面子对方也会如法炮制，给你面子，人与人之间的关系也会因此而更加和谐。

那么，在待人处世中，怎样才能顾及别人的面子处理好人与人之间的"面子问题"呢？

第一，要善于择善弃恶。在待人处世中要多夸别人的长处，尽量回避对方的缺点和错误。"好汉不提当年勇"，又有谁愿意提及自己不光彩的一页呢？特别是如果有人拿这些不光彩的问题来做文章，就等于在别人伤口上撒盐，无论谁都是不能忍受的。

有一位年轻的姑娘长得很胖，吃了不少减肥药也不见效果，心里很苦恼，也最怕有人说她胖。有一天，她的同事小张对她说："你吃了什么呀，像气儿吹似的，才几天工夫，又胖了一圈儿。"胖姑娘立马恼羞成怒："我胖碍着你什么了？不吃你，不喝你，真是狗拿耗子，多管闲事！"小张不由闹了个大红脸。在这里，小张明知对方的短处，却还要把话题往上赶，自然就犯了对方的忌讳，不找麻烦才怪哩。

第二，指出对方的缺点和不足时，要顾及场合，别伤对方的面子。有一个连队配合拍电影，因故少带了一样装备，致使拍摄无法进行。营长火了，当着全连战士的面批评连长说："你是怎么搞的，办事这么毛毛躁躁，就连上战场也装备不齐？"连长本来就挺难过的，可营长偏偏当着自己的部下狠狠批评自己，自然觉得大失面子，于是不由分辩道："我没带是有原因的，你也不能不经过调查就乱批评！"营长一下懵了，弄不懂平时服服帖帖的连长怎么会这样顶撞他。事后，在与连长谈心交换意见时，连长说："你当着那么多战士的面批评我，我今后还怎么做工作?"从这个事例中不难发现,假如营长是背后批评,连长不仅不会发火,还会虚心接受批评。营长错就错在说话没有注意时机和场合。

第三,巧给对方留面子。有时候,对方的缺点和错误无法回避,必须直接面对,这时就要采取委婉含蓄的说法,淡化矛盾,以免发生冲突。古时候,吴国有个滑稽才子,名叫孙山。他与乡里某人的儿子一同参加科举考试。考完后,孙山先回到了家,那个同乡的父亲就向孙山打听自己的儿子是否考上了。孙山笑着回答说:"解名尽处是孙山,贤郎更在孙山外。"孙山的回答委婉而含蓄,既告诉了结果又没刺到对方的痛处;如果孙山竹筒倒豆子,直告对方落榜,那么对方的反应就可想而知了。可惜的是,在现实待人处世中,我们周围许多人说话往往太直接,结果好心办了坏事。

此外,在与人交往的过程中,为了"面子上过得去",还必须对对方有一个充分的了解,做到既了解对方的长处,也了解对方的不足。因为每个人都会有自己的个性和习惯,有自己的需求和忌讳,如果你对交际对象的优缺点一无所知,那么交际起来,就会"盲人骑瞎马",难免踏进"雷区",引起别人的不快。

俗话说得好:"打人不打脸,揭人不揭短。"要想与他人友好相处,就要尽量体谅他人,顾及别人的面子。

4. 冷静摆脱难题带来的困境

说话时有时会遇到"二难"问题,就是不论你回答"是"或"否"都可能给你带来麻烦的问题。面对这样的问题,先不要急于给出答案,一定要想好了再说。

一些让人难以回答的问题,经常会带有明显的挑衅色彩,这时候你可以采用同样的方式对它进行巧妙的回击。

乡间，一无赖站在十字路口拦住一位过路的姑娘："你说，我是要往东去，还是要往西去？猜中了就放你走。"对此，姑娘怎么答都不会对，因为他的问话不排中，并非非此即彼，还有南和北。这时，姑娘掏出手绢揉成一团："女士优先。请让我先问你一个问题好吗？"无赖有恃无恐，便答应了。姑娘便说："你猜猜，我这手绢是要丢向东边，还是丢向西边？"无赖当然同样不能答，只好让姑娘走了。

这位姑娘以其人之道还治其人之身，既维护了自己的利益，又有力地回击了对方的无理要求，可谓一举两得。

面对不同的对象，就要选择不同的回答方式，对待朋友的提问，你可以采用自嘲的方式，让问题偏向对自己有利的方面。

某先生酷爱下棋，但又好面子。一次与一高手对局，连输三局。别人问他胜败如何，他回答道："第一局，他没有输；第二局，我没有赢；第三局，本是和局，可他又不肯。"乍一听来，似乎他一局也没有输；第一局他没输，不等于我输，因下棋还有个和局；第二局我没赢，也不等于我输，还有和局嘛；第三局也不等于我输，本是和局，可他争强好胜，我让他了。

这样的回答，就要比直接说"我输了三局"要高明得多。

在一些特殊情况下，面对一些复杂问语，也要三思而后做答，否则，很容易就会掉进别人的陷阱里。

一次邻居盗走了华盛顿的马。华盛顿和警察一道在邻居的农场里找到了马，可是邻居硬说马是自己的，不肯把马交出。华盛顿想了一下，用双手将马的双眼捂住说："既然这马是你的，那么，你说出它的哪只眼睛是瞎的？""右眼。"邻居回答说。华盛顿把手从马的右眼离开，马的右眼光彩照人。"啊，我弄错了，"邻居纠正说，"是左眼！"华盛顿把左手也移开，马的左眼也光亮亮的。"糟糕！我又错了。"邻居为自己辩解说。"够了够了！"警察说："这已经足以证明这马不属于你！华盛顿先生，我们把马牵走吧！"

邻居为什么被识破？因为华盛顿善于利用思维定式，先使邻居在心理上认定马的眼睛有一只是瞎的，这在心理学上被称作"沉锚效应"。邻居受一句"它的哪只眼睛是瞎的"暗示，认定了"马有一只眼睛是瞎的"，所以，猜完了右眼猜左眼，就是想不到马的眼睛根本没瞎，华盛顿只不过是要让他当场现原形。

复杂问语就是这种利用"沉锚效应"，隐含着某种错误假定的问语。对这种问语，无论采取肯定还是否定的答复，结果都得承认问语中的错误假定，从而落入问者圈套。如一个人被告偷窃了别人的东西，但又死不承认偷过。这时审问者便问："那么你以后还偷不偷别人的东西？"无论其回答"偷"还是"不偷"，都陷入审问者问语中隐含的"你是偷了别人的东西"这个错误假定中。

对这类问题，不能回答，只能反问对方，或假装糊涂，不明白对方问语的意思。

要想恰当地回答好别人提出的问题，就要多动动脑子，争取摆脱"二难"问题的困境，掌握谈话的主动权，如果不假思索，凡事脱口而出，通常只会给自己带来很多难于解决的问题和麻烦。

5. 拒绝也要讲究技巧

任何人都有得到别人理解与帮助的需要，任何人也都常常会收到来自别人的请求和希望，可是，在现实生活中，谁也无法做到有求必应，所以，掌握好说"不"的分寸和技巧就显得很有必要。

人都是有自尊心的，一个人有求于别人时，往往都带着惴惴不安的心理，如果一开口就说"不行"，势必会伤害对方的自尊心，引起对方强烈的反感，而如果话语中让他感觉到"不"的意思，从而委婉地拒绝对方，就能够收到良好的效果。

要拒绝、制止或反对对方的某些要求、行为时，你可以利用那个人的原因作为借口，避免与对方直接对立。比如，你的同事向你推销一套家具，而你却并不需要，这时候，你可以对对方说："这样的家具确实比较便宜，只是我也弄不清楚究竟怎样的家具更适合现代家庭，据说有些人对家具的要求是比较复杂的。我的信息也太缺乏了。"

在这种情况下，同事只好带着莫名其妙或似懂非懂的表情离去，因为他们听出了"不买"的意思，想要继续说服你什么"更适合现代的家庭"，却是一个十分笼统而模糊的概念，这样，即使同事想组织"第二次进攻"，也因为找不到明确的目标而只好作罢。

当别人有求于你的时候，很可能是在万不得已的情况下才来请你帮忙的，其心情多半是既无奈而又感到不好意思。所以，先不要急着拒绝对方，而应该尊重对方的愿望，从头到尾认真听完对方的请求，先说一些关心、同情的话，然后再讲清实际情况，说明无法接受要求的理由。由于先说了一些让人听了产生共鸣的话，对方才能相信你所陈述的情况是真实的，相信你的拒绝是出于无奈，因而也能够理解你。

例如有个朋友想请长假外出经商，来找某医生想让对方出具一份假的肝炎病历和报告单。对此作假行为医院早已多次明令禁止，一经查实要严肃处理。于是该医生就婉转地把他的难处讲给朋友听，最后朋友说："我一时没想那么多，经你这么一说，我也觉得这个办法不行。"

这样的拒绝，既不会影响朋友间的感情，又能体现出你的善意和坦诚。

拒绝对方，你还可以幽默轻松、委婉含蓄地表明自己的立场，那样既可以达到拒绝的目的，又可以使双方摆脱尴尬处境，活跃融洽气氛。

委婉的拒绝能让对方知难而退。例如，有人想让庄子去做官，庄子并未直接拒绝，而是打了一个比方，说："你看到太庙里被当作供品的牛马吗？当它尚未被宰杀时，披着华丽的布料，吃着最好的饲料，的确风光，但一到了太庙，被宰杀成为牺牲品，再想自由自在的生活着，可能吗？"庄子虽没有正面回答，但一个很贴切的比喻已经回答了，让他去做官是不可能的，对方自然也就不再坚持了。

其实，拒绝别人的方式有很多种，你可以给自己找个漂亮的借口，或者运用缓兵之计，当着对方的面暂时不做答复。或者用一种模糊笼统的方式让对方从中感受到你对他的请求不感兴趣，从而收到巧妙的拒绝效果。

课后练习：怎样把握该问与不该问的

阿花好不容易才找到了一份在咖啡馆做服务员的工作，却只上了一天班就被老板炒了鱿鱼。想想她的条件并不是很差，也没有做错什么事，只是不小心问了一句不该问的话。

那天，阿花刚一上班店里就立刻进来了三位客人，她随即拿着菜单，去让这三位客人点餐，第一位客人点的是冰红茶，第二位客人点的是冰咖啡，第三位客人也是点的冰咖啡，但是，他特别强调要用干净一点的杯子。

很快，阿花将这三位客人所点的饮料，用盘子端了出来，一边朝他们坐着的方向走来，一边还大声地向这三位客人问道："你们谁点的冰咖啡是要用干净一点的杯子……"

就凭阿花的这一句话，老板当然会毫不客气地炒她的鱿鱼，因为谁也不会去搬起石头砸自己的脚。

在工作中，要讲究说话的方式，同样，在与人交往的过程中，也要把握好说话的分寸，恰到好处地说好该说的话。

有一年全国高考结束不久，一名记者去采访一位外语成绩优秀的考生。原先设想好的问题中有："你父母是否具有辅导你学习英语的能力？"但是到了现场，看到考生的父母也陪伴在场，如果按照原先准备的提问方式来交谈，就显得唐突而不礼貌。于是他将原来的提问改为

"你们一家是不是常常在一起讨论学习英语方面的问题?"这样一来,既能有效地获得所要的信息,又显得相当自然。

说话不仅要根据条件的不同而采取不同的表达方式,也要根据前后话语相互联系而恰当地选择语言。

几位年轻的领导干部去慰问一位退休老工人,见面以后问道:"您老身子真够硬朗,今年高寿?"老工人回答说:"79岁啦。""人生七十古来稀,厂里数您最长寿吧?""哪里,××活到了84岁呢!""那您老也称得上长寿将军啊。""不过,××去年归天了。""唷,这回可轮到您了。"谈兴正浓的老工人听到这句话,脸色陡变。毛病就出在"这回可轮到您了"这句话上。前面老人刚说完"归天"的事,他们却接下去说"轮到您",这不就使老人产生误会吗?如果这几位年轻干部能控制好前后话语,把话说成"这回长寿冠军可轮到您了",也就不会出现不快了。

讲究说话的艺术对于迅速有效地传递信息,塑造良好的自我形象有着不可忽视的重要作用。如果只贪图自己一时的痛快而无所顾忌地说了不该说的话,则只会给自己制造出一些不必要的麻烦。

第六课

口才不能拘一格　说话可虚理不虚

如果我们问:你说过谎吗?恐怕没有一个人敢拍着胸脯否定。另一方面,人们大都厌恶虚情假意的说话方式,但与有些谎话一样,虚话在生活中也不可或缺。其实,只要是抱着与人为善的目的,口才中加进一些"假"的、"虚"的因素又何尝不可呢?

一、如何通过赞美放大口才的能量

1. 一句赞扬的话能够改变一个人

每个人都会认为自己很重要，自己做的事大多数都是正确的。在他看来，世界上唯一重要的就是他自己。当然，在这里不是宣扬"人人都自私"的观点。每个人身上都有对自己的满足感，还有重要感、成熟感。光是他们自己感到了还不满足，还需要外界对他们的认同，在这种认同中他们感到社会已注意到他们的存在，心里在想：我还是蛮重要的，瞧这件事我办得多好。

一些话语比如"你行的，你一定行"、"你是天才，你是个天分很高的人"、"你是个很好的姑娘"，诸如此类的暗示性的语言能使人在举棋不定的时候重新获得勇气。

一位美国心理学家做过这样一个实验。他在某一所中学找到一个班，他向班主任说明了这个实验会让他看到一个奇迹，因为他在许多学校、许多人中间都做过此类实验，结果很成功。

他在暗中观察了很长时间，发现班上有一个相貌平平、毫不起眼的姑娘，于是他找了个机会，把全班（除了那位女生）召集到了一块儿，向他们说了他的打算。这位心理学家告诉学生们，从今以后，所有的学生都要把那位未到场的女生当作全班最漂亮、最迷人、最美丽的姑娘。3个月后，将会有奇迹出现。

于是，从那天起，学生们对那位姑娘的态度变了，再也不是以前冷冰冰的态度了。

刚开始那位女生受宠若惊，她惊奇地看着男生把别的相貌较好的女生撇在一边不理，而向她大献殷勤，而女生们也带着钦羡的目光向她这边张望，老师们上课时对她的态度也变了，每次提问时，总是叫她的名字，当她答对了的时候，便会得到夸奖。那位姑娘就像坠入梦境一样，她不明白这些天来自己怎么会由一个灰姑娘一下子就变成了众人心目中的白雪公主。

一个星期过去了，人们仍像众星捧月一样对待她。于是她就开始注意自己的形象了，她的眉头舒展了，她的胸脯挺起来了，由于笑声经常陪伴着她，她的心情也渐渐地开朗、愉快了起来，经常与朋友们在一起尽情地玩乐。

两个月过去了，全班同学都惊奇地发现她与以前大不相同了。虽然容貌上不能算是美丽绝伦但也楚楚动人，而且微笑常常挂在嘴边，有的同学还说那笑像明星的微笑。后来，班上选班长，大家一致投票选那位姑娘，也许开始实验时，大家是在逢场作戏，可是到了后来，人们对她的肯定都是真心实意的了。

任何一个人成功的道路都不是平坦的，对那些从小就经历苦难的人更是如此。尤其是在他们最困难的时候，在他们感到前途渺茫看不到出路的时候，他们需要的不是同情的眼泪，也不是深切的惋惜，往往一句赞赏或鼓励的话语就会让他们树立起信心，去克服困难，迎接挑战。

2. 赞美能最快地改变你与他人的关系

在现实生活中，赞美与恭维不仅仅是一种现象，还是一门学问，更是一种艺术。

马克·吐温曾经说过："一句精彩的赞辞可以代替我10天的口粮。"

赞美别人、恭维别人，其实是一种智慧、一种策略，是人际关系至高无上的"润滑剂"。而且这种美丽的言词又是免费供应，如此"于人有利、于己无损而有利"的事，又何乐而不为呢？

　　赞美他人和巧于恭维是一种博取好感和维系好感最有效的方法。

　　美国前总统威尔逊在竞选民主党总统候选人的时候，就应用赞美他人和巧于恭维的这种方法：有人发布威尔逊多年以前所写的一封信，在那封信里，他表示要将某议员打得一塌糊涂。在信件发布不久以后，在华盛顿的某一场宴会中，那位议员也在座，威尔逊在他的演说辞里，对那位议员的品格和他所以博得名誉的缘由赞誉备至。过了不久，威尔逊又和该议员碰面了，那位议员与原来判若两人，对威尔逊十分热情、客气，并在竞选中支持了威尔逊。

　　可以说赞美他人、巧于恭维是博得他人好感、获得他人赞同的一把金钥匙。把赞扬送给别人，就像把食物施给饥饿的乞丐。在许多时候，它就像维生素，是一种最有效果的食物。

　　无论如何，人总是喜欢别人奉承的。有时，即使明知对方讲的是奉承话，心中还是免不了会沾沾自喜，这是人性的弱点。换句话说，一个人受到别人的夸赞，绝不会觉得厌恶，除非对方说得太离谱了。

　　赞美，这既是一种至高的说话技巧，也是增进人们之间情感的重要桥梁，把赞语挂在嘴边，你会发现，你的身边不再有敌人。

3. 总能找到赞美的理由

　　我们常会碰到一些难缠的人，讲道理他不听，软说强求都无效，而且有时他还对你抱有一种固执的敌意，你会说，对这样的人有一份同他对话的耐心就不错了，难道也要去赞美不成？

　　是的。因为此时此刻，恰恰只有赞美才能解开这个死结。

第六课 >>> 口才不能拘一格　说话可虚理不虚

费城华克公司的高先生和我们一样是个普通人。

华克公司承包了一幢办公大厦的建筑工程，必须在合同规定的日期内完工。开始一切顺利，眼看工程就要完工了，突然，负责供应楼内装饰材料的供应商声称，他不能按期交货了。如果这样，整个工程都将受到影响，不能按期交工，公司的麻烦可就大了，将受到巨额的罚款，这么重大的损失只因为一个人。

电话、争吵、讨论都没用。于是高先生去了纽约，去找这个供应商。高先生径直走进那家公司董事长的办公室，但是高先生并没有责备对方，而是从赞扬开始，他说对方的姓在这个地区是独一无二的。这让这位董事长很意外。

他足足用了很长的时间谈论他的家族及祖先。等他说完了，高先生又恭维他一个人支撑那么大一个公司，并且比其他同类公司生产的铜制品都好。于是董事长坚持要请高先生吃饭。在吃饭的过程中高先生又说了一些其他的事情，始终没说来访的目的。

午饭后，还是这位董事长主动提到了实质问题，由于高先生给他带来了很多的快乐，董事长答应将按合同交付产品。

高先生甚至没有提出要求就达到了目的。那些材料准时送到，他们也按期交工。在这种情况下，如果高先生也用大多数人的方法，去争论、冲动，结果又会怎样呢？结果肯定不会如此完美。

从赞扬和欣赏开始更容易说服他人。做鱼有腥味，可以加料酒去腥，肉骨头炖不烂，可以滴几滴醋，这些都是一物降一物的道理。在追求成功的道路上，善用这个道理的人，事半功倍，不善用这个道理的人，吃力不讨好。

我们再来看看亚当森是怎样通过赞美达到化解敌意的目的的。

美国著名的柯达公司创始人伊斯曼，捐出巨款在罗彻斯特建造一座音乐堂、一座纪念馆和一座戏院。为承接这批建筑物内的座椅，许多制造商展开了激烈的竞争。

但是，找伊斯曼谈生意的商人无不乘兴而来，败兴而归，一无所获。

正是在这样的情况下，"优美座位公司"的经理亚当森前来会见伊斯曼，希望能够得到这笔价值9万美元的生意。

伊斯曼的秘书在引见亚当森前，就对亚当森说："我知道您急于得到这批订货，但我现在可以告诉您，如果您占用了伊斯曼先生5分钟以上的时间，您就完了。他是一个很严厉的大忙人，所以您进去后要快快地讲。"

亚当森微笑着点头称是。

亚当森被引进伊斯曼的办公室后，看见伊斯曼正埋头于桌上的一堆文件，于是静静地站在那里仔细地打量起这间办公室来。

过一会儿，伊斯曼抬起头来，发现了亚当森，便问道："先生有何见教？"

秘书把亚当森做了简单的介绍后，便退了出去。这时，亚当森没有谈生意，而是说：

"伊斯曼先生，在我们等您的时候，我仔细地观察了您这间办公室。我本人长期从事室内的木工装修，但从来没见过装修得这么精致的办公室。"

伊斯曼回答说："哎呀！您提醒了我差不多忘记了的事情。这间办公室是我亲自设计的，当初刚建好的时候，我喜欢极了。但是后来一忙，一连几个星期我都没有机会仔细欣赏一下这个房间。"

亚当森走到墙边，用手在木板上一擦，说：

"我想这是英国橡木，是不是？意大利的橡木质地不是这样的。"

"是的。"伊斯曼高兴得站起身来回答说："那是从英国进口的橡木，是我的一位专门研究室内橡木的朋友专程去英国为我订的货。"

伊斯曼心情极好，便带着亚当森仔细地参观起办公室来了。

他把办公室内所有的装饰一件件向亚当森做介绍，从木质谈到比例，又从比例谈到颜色、从手艺谈到价格，然后又详细介绍了他设计的经过。

此时，亚当森微笑着聆听，饶有兴致。

亚当森看到伊斯曼谈兴正浓，便好奇地询问起他的经历。伊斯曼便向他讲述了自己苦难的青少年时代的生活，母子俩如何在贫困中挣扎的情景，自己发明柯达相机的经过，以及自己打算为社会所做的巨额的捐赠……

亚当森由衷地赞扬他的功德心。

本来秘书警告过亚当森，谈话不要超过5分钟。结果，亚当森和伊斯曼谈了一个小时又一个小时，一直谈到中午。

最后伊斯曼对亚当森说：

"上次我在日本买了几张椅子，放在我家的走廊里，由于日晒，都脱了漆。昨天我上街买了油漆，打算我自己把它们重新油好。您有兴趣看看我的油漆表演吗？好了，到我家里和我一起吃午饭，再看看我的手艺。"

午饭以后，伊斯曼便动手，把椅子一一漆好，并深感自豪。

直到亚当森告别的时候，两人都未谈及生意。

最后，亚当森不但得到了大批的订单，而且和伊斯曼结下了终生的友谊。

4. 发自内心的称赞最能使人愉快

有些人不是出自真心而是随大流，跟着别人说重复的恭维话，或者附和别人的赞美，这不仅使自己处境尴尬，还会引起被恭维者的反感。

古时候，朱温手下就有一批喜欢鹦鹉学舌拍马屁的人。一次，朱温与众宾客在大柳树下小憩时，无意中说了句："好大柳树！"

宾客为了讨好他，纷纷起来互相赞叹："好大柳树。"

朱温看了觉得好笑，又道："好大柳树，可做车头。"

实际上，柳木是不能做车头的。但还是有五六个人互相赞叹："可做车头。"

朱温对这些鹦鹉学舌的人烦透了，厉声说："柳树岂可做车头！我见人说秦时指鹿为马，有甚难事！"于是把说"可做车头"的人抓起来杀了。

恭维如果是伪装的，会令对方认为是你在溜须拍马，盲目地追随别人的恭维更是如此。

恭维是一种艺术，不但需要合适的方式加以表达，而且还要有洞察力和创造性。

一位举止优雅的妇女对一个朋友说："你今天晚上的演讲太精彩了。我情不自禁地想，你当一名律师该会是多么出色！"这位朋友听了这意想不到的评语后，像小学生似的红了脸，露出无限的感激的神态。

所有人都会被真心诚意的恭维所触动。哈佛大学弗尔帕斯教授经历过这样一件事：

有一年夏天，天气又闷又热，他走进拥挤的列车餐车去吃午饭，当服务员递给他菜单的时候，他说："今天那些在炉子边烧菜的小伙子一定是够受的了。"

那位服务员听了后吃惊地看着他说："上这儿来的人不是抱怨这里的食物，便是指责这里的服务，要不就是因为车厢内闷热而大发牢骚。19年来，你是第一个对我们表示同情的人。"

古谚云："精诚所至，金石为开。"当称赞之辞从舌底间流出的时候，很大程度上，言语中包含的真诚百分比已经显露出来，写到被称赞者的脸上或者心中。所以只有真诚的称赞，才能使别人感到称赞者是在发现他的优点，而不是作为一种明显的功利性手段去称赞他，从而使他自觉自愿地"打开"称赞者所需要的"金石"，或者接受称赞者在称赞背后隐藏着的不满，从而达到称赞的最终目的。

5. 有创意的赞美更让人受用

陈词滥调或者不着边际的赞美只会惹人生厌，赞美的直接目的是让对方高兴，如果你不低估人家的智力的话，赞美的话也得有新意才成。

一本书中说到，一位将军听到别人称赞他美丽的胡须便大为高兴，但对于别人对他作战方式的赞誉却不放在心上，这种心理是每个人都有的。大概不少人赞美过这位将军的英勇善战及富于谋略的军事才干，但是他作为一个军人，不论在这方面怎样赞美他，也只是赞歌中的同一支曲子，不会使他产生自豪感。然而，如果你对他军事才能以外的方面加以赞赏，等于在赞词中增加了新的条目，他便会感到无比的满足。可见，在恭维他人时，捧出新鲜的意味来是多么的重要。

大学问家钱钟书先生的称赞也像他的《围城》一样充满智慧的创意，给人以新鲜而受用的感觉。

有一年冬天，他访问日本，在早稻田大学文学教授座谈会上即席做了《诗可以怨》的演讲。开场白是：到日本来讲学，是很大胆的举动，就算一个中国学者来讲他的本国学问，他虽然不必通身是胆，也得有斗大的胆。理由很明白简单。日本对中国文化各方面的卓越研究，是世界公认的；通晓日语的中国学者也满心钦佩和虚心采用你们的成果，我知道要讲一些值得向各位请教的新鲜东西，实在不是轻易的事。我是日语的文盲，面对着贵国汉学或支那学的丰富宝库，就像一个既不懂号码锁又没有开撬工具的穷光棍，瞧着大保险箱，只好眼睁睁地发愣。但是，盲目无知往往是勇气的源泉。意大利有一句嘲笑人的惯语："他发明了雨伞。"

"据说有那么一个穷乡僻壤的土包子，一天在路上走，忽然下起小雨来了，他凑巧拿着一根棒和一块布，人急智生，他把棒撑了布，遮住头顶，居然到家没有淋得像落汤鸡。他自我欣赏之余，也觉得对人类做出了贡献，应该将他的创意公诸于世。他听说城里有一个发明品专利局，就兴冲冲拿着棍和布赶进城去，到那里报告和表演他的新发明。局里的职员听他说明来意，哈哈大笑，拿出一把雨伞来，让他看个仔细。我今天就仿佛是那个上注册局的乡下佬，孤陋寡闻，没见识过雨伞。不过，在找不到屋檐下去躲雨的时候，棒撑着布也不失为应急的一种有效方法。"

钱先生在这里先讲对日本汉学研究，中国人不敢等闲视之，即使是中国专家在日本讲中国学问，也要对听众的水平做最充分的估计。后段讲自己不通晓日语，除了有勇气之外，没什么资本。殊不知，钱先生正是这种有意识的自嘲式的赞扬，使在座的所有日本听众既感动又受用。

课后练习：怎样恰如其分地称赞别人

把握称赞的要诀，就需要掌握称赞的度，绝不可夸大其词，只有这样才能赢得别人的信任和好感。

美国前国务卿基辛格是个擅长称赞的外交谈判高手，他说："你必须十分敏锐，因为大部分国家领导人都是非常敏锐的，他们不容易被人操纵，却能操纵别人。你得运用你的智慧，去对付一个高智慧的人，还要使他马上感到你的诚意和认真，最后，必须增加他的信心。"因此，在基辛格眼里，所谓称赞是使别人相信他能解决问题的一种方法。

当我们想邀女性约会时，可以适当地恭维她："小姐，你的身段很美，公司有很多女职员，但我认为你的工作能力比她们都强，如果我能跟你这样漂亮能干的小姐做朋友，真是我无上的荣幸！"也许当时并没有征得她的同意，但有一点可以肯定，这位小姐的内心里肯定洋溢着喜悦之情，并且会拥有一天的好心情，如果再适当地努力几次，肯定会成功。

恭维也可用间接的方式进行，比如某职工到公司对他的一位同事说："我听×××说，你这个人人缘好，爱交际，别人都喜欢你，我们做个朋友吧？"这种方式往往效果很好。

俗话说：对症下药，量体裁衣。恭维也要"因人而异"，对于商业人员，如果说他学问好、品德高、博闻强记、清廉高洁，他不一定高兴，而如果说他才能出众、手腕灵活，现在满面红光、印堂发亮，发财在即，他一定会很高兴。对于政府官员，恭维他生财有道，定发大财，他可能会恨你一辈子，这时应该说他为国为民，淡泊名利，清廉公正。对于教授、教师，说他为人师表，学问渊博，思想深远，妙笔生花，他听了肯定高兴。对什么样的人说什么样的恭维话，有道是"上山打柴，过河脱鞋"，不要弄得"牛头不对马嘴"，免得好意恭维人家一番，人家还觉得你是"乱弹琴"。

二、为什么说会说人情话是口才水平的体现

1. 说人情话首先要会察言观色

古往今来，无论君子还是小人，无不爱听好话，有时当事人十分懊恼或不快时，只要旁人说几句得体的人情话，便云开雾散了。一次，解缙与朱元璋在金水河钓鱼，整整一个上午一无所获。朱元璋十分懊丧，便命解缙写诗记之。没钓到鱼已是够扫兴了，这诗怎么写？解缙不愧为才子，稍加思索，立刻信口念道："数尽纶丝入水中，金钩抛去永无踪。凡鱼不敢朝天子，万岁君王只钓龙。"朱元璋一听，龙颜大悦。

南朝宋文帝在天泉池钓鱼，垂钓半天没有任何收获，心中不免惆

怅。王景见状便说:"这实在是因为钓鱼人太清廉了,所以钓不着贪图诱饵的鱼。"一句话说得宋文帝拿起空竿高兴地回宫了。

相反,唐朝的孟浩然,早年即显示出超人的才华,且名传京师,也很想到政坛上去一展身手。却因为一时不慎,将话说错,而导致一生不第。他与王维交好,王维在内置值班时约孟浩然诵读自己的诗作。不料,诗中有"不才明主弃"一句,惹怒了玄宗。玄宗以为孟浩然是在讽刺他不分贤愚,埋没人才,孟浩然不但没得到什么官做,还惹怒了龙颜。孟浩然是个明白人,他知道这一下仕途更加无望了。"当路谁想假,知音世所稀,只应守寂寞,还掩故园扉。"于是告别友人,离开长安回到故乡过起了隐居生活。此后,孟浩然由儒而道,只有在山水田园诗作中倾诉痛苦,消磨时光,抒发"且光杯中物,谁论世上名"的心绪。

俗话说:"出门观天色,进门看脸色。"观天色,可推知阴晴雨雪,携带行具,以免受日晒雨淋。看脸色,便可知其情绪。面部表情的色彩不同,其情绪也不同。学会察言观色,实在是不可忽视的说话办事之道。

《三国演义》中第七十二回诸葛亮智取汉中,曹操收兵于斜谷界口驻扎。操屯兵日久,欲要进兵,又被马超拒守;欲收兵回,又恐被蜀国耻笑,心中犹豫不决。适庖官进鸡汤。操见碗中有鸡肋,因而有感于怀。正沉吟时,夏侯惇入帐,禀请夜间口号。操随口曰:"鸡肋!鸡肋!"传令众官,都称"鸡肋"。行军主簿杨修,见传"鸡肋"二字,便教随行军士,各收拾行装,准备归程。有人报知,夏侯惇大惊,遂请杨修至帐中问曰:"公何收拾行装?"修曰:"以今夜号令,便知魏王不日将退兵归也:鸡肋者,食之无肉,弃之可惜。今进不能胜,退恐人笑,在此无益,不如早归;来日魏王必班师矣。故先收拾行装,免得临行慌乱。"夏侯惇曰:"公真知魏王肺腑也!"遂亦收拾行装。于是寨中诸将,无不准备归计。当夜曹操心乱,不能稳睡,遂手提钢斧,绕寨私行。只见夏侯惇寨内军士,各准备行装,操大惊,急回帐召惇问其故。

曰:"主簿杨德祖先知大王欲归之意。"操唤杨修问之,修以鸡肋之意对。操大怒曰:"汝怎敢造言乱我军心!"喝刀斧手推出斩之,将首级号令于辕门外。

通观此事,实在不是曹操之过,一方面杨修"恃才放旷"屡犯曹操之忌,有卖手段和奴高压主之嫌;另一方面,打铁看火色,曹操进退无计,正是有气无处放的时候,杨修出风头耍小聪明,到头来,难免聪明反被聪明误了。

杨修因一句话丢了性命,是因为在不恰当的时机,对不合适的人说了不该说的话。在当时曹操犹疑不定、心里烦躁的时候,即使你不能给他出主意,说两句人情话使其稍安勿躁才算恰当。杨修不说当说的人情虚话,偏要说犯忌的大实话,不倒霉才怪呢。

2. 人情话能办大事情

人情话并不都是虚虚飘飘的闲扯,有的人情话并不是两嘴一开一闭就能说出来的,而是需要一种宽阔的胸襟和做大事的气度。所以在某些特定条件下,从某些特殊的人嘴里说出的一席人情话让人觉得有千钧之重。大家对《三国演义》中刘备摔孩子收买人心的一段情节耳熟能详。这段故事说的是赵云大战长坂坡,九死一生救出少主刘禅,当他从怀中把仍在熟睡中的刘禅抱给刘备时,刘备接过来,"掷之于地曰:'为汝这孺子,几损我一员大将。'"这句话可说掷地有声,有10个赵云,其耿耿忠心也早被包圆了。果然,赵云"泣拜曰:'云虽肝脑涂地,不能报也。'"

豁不出孩子套不住狼,关键是豁出孩子。这话说起来容易做起来难,因为他要付出很大的牺牲。

春秋战国时,孟尝君派他的门客冯谖去薛地替他收债。临走时冯谖问孟尝君："收完债买些什么回来?"孟尝君说："看我家少什么就买什么吧!"冯谖到了薛地，召集所有向孟尝君借债的人来。核对借据以后，就假传孟尝君的命令，将所应收债钱统统赐给了借债的人，然后将借据全部烧掉了。薛地的百姓都呼"孟尝君万岁"。冯谖很快返回了齐国，孟尝君奇怪他怎么回来得这么快，问道："债都收完了吗?"冯谖说："收完了。"孟尝君又问："买了什么回来?"冯谖说："您说看您家缺少的买，我看您房中藏有大量珍宝，外面犬马很多，美女也无数。只有一件缺乏，那就是义，所以我就私自决定为您买了义回来。"孟尝君不以为然："买义有什么用?"冯谖说："目前您只有薛这一小小的封地，但却不爱护薛地的百姓，只知从那里取利。因此，我假托您的命令把借债都赐给了百姓，烧掉了借据，百姓们都非常感激您，这就是我为您买的'义'。"孟尝君此时不明白怎么回事，心中不大高兴。

一年以后，齐王疑忌孟尝君，就免了他的宰相职位，让他到薛地去。结果薛城的百姓扶老携幼，远远地都来迎接他，这时孟尝君才明白冯谖买"义"的深意。

大同小异，作为领导者，身边没有一两个忠士是不行的。所以，领导者都习惯说一些收买人心的人情话来获得他人的忠诚。

秦穆公就很注意施恩布惠，收买民心。一次，他的一匹千里马驹跑掉了，结果被不知情的穷百姓逮住后杀掉美餐了一顿。官吏得知后，大惊失色，把吃了马肉的300人都抓起来，准备处以极刑，秦穆公听到禀报后却说："君子不能为了牲畜而害人，算了，不要惩罚他们了，放他们走吧。而且，我听说过这么回事，吃过好马的肉却不喝点儿酒，是暴殄天物；而不加补偿，对身体大有坏处。这样吧，再赐他们些酒，让他们走。"过了些年，晋国大举入侵，秦穆公率军抵抗。这时有300勇士主动请缨，原来正是那群被秦穆公放掉的百姓。这300人为了报恩，奋勇杀敌，不但救了秦穆公，而且还帮助秦穆公捉住了晋惠公，结果大获全胜而归。

第六课 口才不能拘一格 说话可虚理不虚

看来，领导跟下属办事也要学会收买人心，只有笼络住了下属的心，才能更好地让下属心甘情愿地为自己效力。

当然，有些人情话好像份量并不显得多么重，但因为是在特殊人物的嘴里说出来的，尽管轻描淡写，却也能收奇效。

一次，宋太宗在北陪园饮酒，臣子孔守正和王荣侍奉酒宴。二臣喝得酩酊大醉，互相争吵不休，失去了臣下的礼节。内侍奏请太宗将二人抓起来送吏部去治罪，但是太宗却派人送他们回家去了。

第二天，他俩酒醒了，想起昨晚酒后在皇上面前失礼，十分后怕，一齐跪在金殿上向皇帝请罪。宋太宗微微一笑，说：

"昨晚，朕也喝醉了，记不得有这些事。"

宋太宗托辞说自己也醉了，不但没有丢失皇帝的体面，而且使这两个臣子今后也会自知警戒。宋太宗装糊涂，既表现了大度，又收买了人心。

这是一个"洋老板"关心体贴中国雇员的故事：广州一个叫李度的人，应聘进了一家合资饭店。李度的妻子分娩那天，他向洋老板请假半天，老板得知其请假的缘由后，再三表示，不必担心目前工作多人手少的问题，可以多放几天假，回家陪陪太太和儿子。一次，李度的妻子和儿子均生病住院，过度的劳累致使李度在一次工作时间内睡着了，洋老板为此十分生气，叫其卷铺盖回家。而当他得知李度睡觉的原因后，则自责不已："我脾气不好，请您原谅我。"他"命令"李度立刻放下所有的工作回家料理家务，照顾妻儿。3天后，李度来饭店工作时，洋老板送给他一辆漂亮的童车，怕李度不接受，洋老板还撒谎说："这车是朋友送给我的，现转送给您，节假日里，希望您偕妻子一道，用这辆车带孩子出去玩玩，并请接受我这个英国老头子对您全家的美好祝愿。"李度闻之早已泪水盈眶。自此，他与洋老板的关系越处越好，工作中则更是"死心塌地"地干。

大人物也好，小人物也罢，这种让人从心里感动的人情话都应该多说，这样会给自己的人际关系创造一个良好的氛围。

3. 以真诚把话说好

人情话是虚话这不假，但如果你以十二分的真诚去说，以贴心贴肝的关心态度去说，人情话也能透出浓浓的人情味，让人感动不已。

只要你真正关心他人，就会赢得他人的注意、帮助和合作，即使最忙碌的重要人物也不例外，也只有在这种条件下，你说话的份量才会越来越重。要做到这一点也许并不难，你只须真诚地说几句关心人的人情话就行了。

你知道谁最得人缘吗？也许你在外面行走的时候就会碰见它。当你走到距离它10公尺附近时，它就会向你摇头摆尾，如果当你停下来摸摸它的头，它就会高兴地向你表示亲热。而且它的这些表现绝对没有不良企图：既不会向你兜售房子，也不想同你结婚。大家都应该知道这是谁了吧？——一只可爱的狗。

不知你是否想过，狗是不用工作而能谋生的动物。牛得产奶，母鸡得下蛋，但狗却什么也不用做，只是对你表示亲热。它从没读过心理学，凭着其天赋和本能，在很短的时间内，凭借着对人表示诚心诚意的亲热而赢得了许多朋友。可是，如果是一个人，却很难在一两年内，为吸引别人的注意而交到知心朋友。

我们都知道，有些人终其一生地向别人俯首弄姿，目的是为了引起别人的注意，其结果是徒费力气。因为人们根本不会注意到你，人们注意的只是自己。有人曾做过这样一个有趣的调查，在电话通话中，哪一个字是最常用的。调查结果是"我"字。所以，在人际交往中，你的人情话绝不能放过任何一个"我"。

美国前总统罗斯福卸任后有一天到白宫访问。恰巧那天总统和夫人外出不在，罗斯福对待下人的真诚便真实地流露出来。他热情地叫着每一个老仆人的名字,和他们打招呼,连厨房里洗碗盘的女仆都不例外。当他见到在厨房里干活的艾丽斯时,他问她是不是还在烘烤玉米面包。艾丽斯说她有时会做一些给仆人吃,但楼上的人并不吃。罗斯福就大声说楼上的人真不懂品位,在他见到总统的时候一定这么告诉他。艾丽斯用盘子盛了一些玉米面包给他,他拿了一片边走边吃,并且一路和工人、园丁打招呼。曾经在白宫做过40多年的老仆人爱科·胡佛含着热泪说这是他两年来最感到快乐的日子。

罗斯福有个侍仆叫詹姆士·阿摩斯,他写了一本名叫《仆人眼中的英雄——西奥多·罗斯福》的书,书中讲了这样一件事:他太太因为从没见过鹑鸟,于是有一次向总统先生问起鹑鸟长的什么样子,当时总统先生非常详尽地描述了鹑鸟的长相。没过多久,他们住的地方电话响了,他太太跑去接,原来是总统先生亲自打过来的,他在电话中告诉他太太,如果现在从窗口向外看的话,也许可以看到有只鹑鸟正在树上唱歌。

哪一个雇工不喜欢这样的老板?哪一个人不喜欢这种人?

我们常常忘了人与人之间最宝贵的资源,就是朋友关系——生活告诉我们要保护自己,多做可能多错,热心多会受伤。于是我们宁可自扫门前雪,被动一些,甚至对人漠不关心,或者只是说一些无关痛痒的人情话。一个人可以聪明绝顶、能力过人,但若不懂得借真诚和积极热心来培养和谐的交际关系,他的成功就得付出事倍功半的努力。就拿说话来说,你的言辞无论多么悦耳动听,但如让别人感觉不到你的真诚,一切都会徒劳。

4. 结交老乡关系

搞好老乡关系是非常重要的,不仅可以多些朋友,最重要的是可以获得许多有用的东西,也许一辈子都会受益无穷。最起码,可以为你在有求于人时提供一条"跑关系"的线索。

当今社会人口的流动性很大,许多人离开家乡到异地去求职谋生。身在陌生的环境里,拓展人际关系有一定的难度,那就不妨从同乡关系入手,打开局面。

在外地的某一区域,能与众多老乡取得联系的最佳方式是"同乡会"。在同乡会中站稳了脚跟,跟其他老乡关系处得不错,那就等于建立起了一个关系网络。也许,有一天,你会发现这个关系网络的作用是多么巨大,不容你有半点忽视。

民国年间,由于军阀割据,各个集团为维护自己的势力,纷纷重用老乡。

阎锡山是山西五台人,当时山西就流传出一句话:"会说五台话,就把洋刀挂。"阎锡山重用五台同乡,山西省政府的重要位置,大多被五台人占据。陈炯明是广东海丰人,他做了广东都督后,大用海丰人,省政府里到处都能听到海丰话。孔祥熙是山西人,他在他的金融系统重用山西人,理由则是"只有山西人会理财"……

生活在现代社会中的人也不可忽视老乡的作用。罗某是个早年离开家乡出外闯荡的游子,现在异乡成家立业,家庭生活美满,但美中不足的是,罗某一直为没回家乡而感到遗憾,心中常想哪怕在这里能碰上几个老乡也好。

恰在这时,同在这个城市的另几位老乡,筹划成立一个同乡会,定期聚会,加深感情,有什么事大家以后可多加照应。

罗某一接到邀请,毫不犹豫地加入到其中积极筹划、联络老乡,把这个同乡会当成了自己的"家",成为"家"中领导之一。

经过两年的时间,同乡会终于发展到了具有近500人的规模,罗某也等于多认识了近500人,这些老乡,各行各业,贫穷富贵,兼容并包,用罗某自己的话来说:"我现在办什么事都非常方便,只需一个电话,或打声招呼,我的老乡都会为我帮忙,而我也随时帮老乡的忙……"

第六课 口才不能拘一格 说话可虚理不虚

正是因为罗某充分认识到同乡会的重要性，他才会积极主动地去结交各式各样的老乡，才会有了这么大的一个关系网，这于己、于他人又何止是些许的方便呢？

所以，结交好老乡关系，对于帮助我们办事成功，作用不可低估。

中国的老乡关系是很特殊的，也是一种很重要的人际关系。既然是同乡，涉及到某种实际利益的时候，"肥水不流外人田"，只能让"圈子"内人"近水楼台先得月"。也就是说，必须按照"资源共享"的原则，给予适当的"照顾"。

既然中国人对老乡有特殊的感情，学会利用同乡关系，不仅可以多几个朋友，更重要的是办事时能得到关照，万一自己在外面有了什么麻烦，也可以有"征讨"别人的资本。那么，该怎样利用老乡关系呢？人情话在这时又派上了用场。

（1）利用乡音做人情话的契机

既然是老乡，就必须有共同的特点存在于双方之间，其中很重要的一点就是"乡音"。

清朝末代的大太监李莲英的发迹可以说是运用了此种技巧。

李莲英出身贫苦，个子瘦小，若以当时清朝宫廷太监的标准来衡量，他是根本不够资格的。可一次偶然的机会，李莲英听说在宫廷中有一个太监是他老乡，且是同一村的。于是，李莲英大胆地去找了这个老乡。

李莲英当时很穷，没有钱买东西去送礼。他知道这位老乡很重乡情，但怎样才能引起老乡的注意却一直困扰着他。

终于，他想出了一个办法。一天，他瞅准了，正当这位老乡出来当值时才去报名，然后用一口地道的家乡话说出了自己的姓名与籍贯。李莲英的这位老乡听了这声音，身体不由得抖了一下，遂抬头看了看眼前的这位小老乡，心里暗暗记了下来。

后来，在这位老乡的帮助下，李莲英做了慈禧太后梳头屋里的太监，以梳得一头好发型深得慈禧宠爱，最后成了慈禧太后面前的大红人。

李莲英只说了几句话，就博取了对方的注意与好感，但需要注意的是，这几句话是家乡话，是乡音，而对方也恰巧是同乡人，且又同处异乡，在这种情况下，李莲英轻而易举地争到了一个名额就不足为奇了。

用家乡话做见面礼，可以说是独树一帜的，它不需要物质上的东西。在这里，有一点相当重要，那就是运用这种方法的场合，最好是在异乡，因为在异乡才会有恋乡情结，才会"爱乡及人"，这时再来个"他乡遇老乡"，哪有不欣喜之理。对方离乡越久、离乡越远，心中的那份情就越沉、越深。因此，越是这种情况，越要运用"乡音"这种技巧，你就会得到老乡所给你的种种好处。

(2) 利用乡产作为人情话的契机

在与老乡打交道时，一般人都会有这样一种想法：既为同乡，理应帮忙，如还用礼物予之，这不太俗了吗？这种想法在某种特定意义上来说，是有一定道理的，但就广义来说，则是谬论。

老乡与其他关系不同之处在于，老乡之间的关系是以地域为纽带的，有一份"圈子"内的情存在心上。

"乡产"也许是很普通的东西，本身并不贵重，但在"乡产"上所包含的情意却非"乡外人"能看得出来、体会得出来的，它会起到勾起老乡思乡之情的作用，然后会在这种感情的支配下，对你这位老乡"另眼相待"，照顾有加。你再适时加上句"老家的东西，尝个鲜儿"之类的人情话，效果更佳。

(3) 利用乡情作为人情话的契机

一个人，无论是出于什么原因，离开家乡，离开生他的土地，也许开头并不感到有什么难过，但时间一久，或在他乡碰到不习惯的生活习俗，或遇到挫折，他就会感到家乡的亲切、家乡的美好。也许，这个时候，一个人才会深深地感到，自己对家乡有割不断、丢不掉的感情寄托，那是支持着游子出外去闯世界的精神依靠。

因此，在游子的记忆深处，有一块属于家乡的领地，也许，现实的生活会暂时把这块领地掩盖起来，而一旦触及到了这块领地，那一股思乡潮就会源源不断地涌泄出来，如闪电一般，充满游子的大脑，触及记忆的神经。

如此看来，要与一个久离家乡的老乡处好关系，有一种特有效的技巧就是：运用你的语言技巧，与老乡谈起家乡的话题，以此来触动他的思乡情绪，达到共鸣，从而使老乡之间的关系更进一层。

5. 同事和谐需要润滑剂

谁都希望有一个和谐的工作氛围，一天 8 小时，一周 5 个工作日，一个人的大部分时间、精力是在工作环境中度过的，如果同事之间矛盾不断，整天别别扭扭，每天一踏上上班的路就想起与某人的不愉快，那么工作就成了一种负担和刑罚。要想避免这种状况的发生，工作过程中掌握说人情话的技巧，善于以人情话润滑同事之间的关系是个简便易行又有效的选择。

一般人在初次上班与同事拉关系时，都试图通过一些日常的人情话引起对方兴趣，但总是选择一些无关紧要的话题。例如最典型的话："今天天气不错啊！""是啊，气温也不高，挺舒服的。"

这种公式化的对话根本算不上人情话，不能给新接触的同事留下深刻的印象，同样地，对方会觉得你没有什么特别之处。这样的对话无异是浪费时间、浪费精力。

也许有人会认为，第一次与同事见面时讲话太冒昧是不懂得社交礼节，所以有所顾忌。其实大可不必考虑这么多。例如，你可以很自然地这么说："最近我和父亲相处不太好，可在昨天我们居然高高兴兴地谈了一个下午，误会完全解开了……"

或者说："这几天太热了，我干脆剃成光头，朋友们都认不出我了……"以自己的近况为题材是一种很好的开场白。

选择说话的内容，要考虑工作场合及时间。只有有针对性地说话，才能加深彼此的印象。

初次见面若想给同事留下深刻的印象，首先必须先拉近彼此间的距离。某单位有一次邀请某位先生上台演讲，他用自嘲的语言一开始就消除了与观众间的心理距离。他说："今天我第一次与各位见面，特意穿了一双漂亮的新皮鞋，因为挤公共汽车赶路的缘故，新皮鞋张了嘴，脚也起了泡……"

只有尽快地消除初次见面的陌生感，才能给新同事留下永不磨灭的印象。由于我们一半时间都在工作场合度过，因此说话有时候会流于形式。要引起新同事注意，关键在于如何选择话题。聪明的你，何不运用创意制造奇迹呢？

在公司里，同事之间免不了互相帮帮忙，你对这种事情应当采取什么态度呢？平常我们总说"助人为乐"，但是，在办公室，怎样助人才能真正成为乐趣，才能被双方所接受呢？

只要是人，都会有善、恶之分，但是在办公室里交朋友却不可以如此，最好是一视同仁地与他们打交道。

同事之间要能同甘共苦。"今天如果不加班的话，工作是怎样也赶不完的！"假如有一位同事一边看表，一边叹气地说这些话时，你也许会说："唉！真是够辛苦的啦！要不要我来帮你忙啊？"若能对他这么说的话，那位加班同事的内心该会多么感激啊！今天我帮你忙，明天也许变成你帮我忙了，这种情形在工作上也是经常发生的。

此外，不要在同事背后飞短流长。喜欢说别人是非的人，也许正表示了他本人多少还有点不成熟，这样子的谈话虽然可以发泄心中的苦闷，但经常说别人是非给对方听的人，有一天连对方都会成了他批评的对象，因此，慢慢地大家都会对他敬而远之。

同事们在一起相处的时间久了，就会不可避免地产生矛盾，进而引发争执。争执并不可怕，可怕的是不知道如何处理争执。处理得好，能使一切矛盾消解，甚至能让双方因此得到进一步的沟通。若处理不好，便会引发更多的问题出来。既然处理争执的问题如此重要，该如何着手呢？

（1）同事哭泣的时候

表示你的关切及协助的意愿，但不要阻止他哭泣，因为哭泣可能是缓解情绪的好方法。给他一些时间来恢复平静，不要急着化解或施予压力。

最后再问他哭泣的原因，如果他拒绝回答，也不必强求；若他说出不满或委屈，只要倾听、表示同情即可，千万不要贸然下断语或凭自己的喜恶提供解决的方法。

（2）同事愤怒的时候

当同事愤怒的时候，你千万不能以同样的情绪对待，那会使争执进一步激化，但也不能妥协。对自己的意见除了要坚持外，还可以向对方表示你希望双方能冷静地分析问题并解决问题。

待对方冷静下来之后，你就可以询问他生气的原因所在，询问时一定要照顾到对方的情绪，不要说些与此无关的废话。总之，一切都要建立在谅解和宽容的基础上。

（3）同事冷漠的时候

不要有任何臆测，你可以不经意似的问他"怎么了"，如果他不理会，不妨以友善态度表示你想帮助他。

如果他因感情或疾病等私人问题影响到工作情绪，可建议他找人谈谈或休假。

（4）同事不合作的时候

切勿一味地指责对方或表示不满，最好找个时间两人好好谈谈。因为这个时候更需要的是体贴的人情话，若对方因工作繁多、无法配合，则可再安排时间或找他人帮忙；但若是纯粹的不合作，则更需多花时间沟通，寻找问题的症结及解决办法。谨记：要充分利用人情话这一润滑剂，说不定还能因充分地沟通而化敌为友呢！

课后练习：怎样在日常交往中说好人情话

日常生活中，有的人说话过于随便，不分场合地口若悬河说个不停，可对有些该说的话却惜语如金。就拿朋友交往来说吧，在一起时间长了，彼此之间常会互相帮忙，完事之后，一句人情话适时递上："张哥，昨天那事你受累啦，就咱哥俩儿这关系，感谢的话我就不多说了。""大李，孩子这么大了，你还给他买玩具干嘛？他喜欢得不得了，可以后你这当叔叔的也别太惯着他，哪天来我家尝尝你嫂子包的荠菜馅饺子。"这时候帮你忙的人感觉到自己的好意被你领受了，心里自然受用。

其实，朋友也好、亲戚也罢，帮个忙、送点礼是常有的事，人们做这些事的时候跟求人办事不同，并不是想从你这里得到些什么好处，甚至于因为关系铁会很乐意帮忙，他所要求的也并不是等额的回报。这时候，如果你总认为这是理所当然，没有一句表示的话，人家怎么知道自己的好意是不是已被你接受？要知道，再要好的关系，既然受了别人的施予，就要做出及时、明确的表示，当然，一句恰到好处的人情话也就足够了。

陈溪大学毕业后在北京当公务员，妻子是北京人，结婚的时候他们曾到妻子的叔叔家做客，叔叔婶婶对这个一表人才的侄女婿很是欣赏。叔叔是一家国企的老总，两人坐到一起很能谈得来，一来二去，夫妻俩去岳父岳母家少了，反倒是叔叔家去得勤。

可是最近陈溪发现叔叔婶婶的态度有了很大变化，对他们越来越冷淡，有时候他们说要去看二老甚至遭到拒绝，二人百思不得其解。后来还是岳母替他们解开了这个谜底,叔叔家经济条件较好,有别人送的好烟好酒以及单位里发的一些东西常让他们带回家。前段时间陈溪曾提到想调到一个更有前途的部门,也是叔叔通过关系帮他办成了。但是,就妻子这一边来说,可能觉得是自己的叔叔这么亲的关系,就陈溪这边来说,可能觉得这些对他们不过是举手之劳,因此,事前事后始终没说什么人情话。婶婶有意无意地跟岳母提起,叔叔为此很是生气,说他们是白眼狼,不值得别人帮忙。二人一听连忙上府谢罪,才使彼此关系有所缓解。

在这里,陈溪夫妻就是犯了不重视人情话的错误,想当然地认为自己心里的感激人家一定知道。所谓话不说不明,即使人家知道,天长日久,帮完了忙总也听不到你一句人情话,心里也会疙疙瘩瘩的。

鉴于此,我们在日常生活中就要刻意培养自己多说人情话的好习惯。

第一,使用日常生活中的见面语、感情语、致歉语、告别语、招呼语。早晨见面互问"早晨好",平时见面互问"您好"。初次见面认识,主方可用"您好""很高兴和你认识",被介绍的一方可用"请多帮助"、"请多指教"。分别时说"再见"、"请再来"、"欢迎您下次再来"。特定情况的告别可用"祝您晚安"、"祝您健康"、"祝您一路顺风"、"实在过意不去"。有求于人说声"请"、"麻烦您"、"劳驾"、"请问"、"请帮忙"。对方向您道谢或道歉时要说"别客气"、"不用谢"、"没什么"、"请不要放在心上"。

第二,养成对人用敬语、对己用谦语的习惯。一般称呼对方用"您"、"同志",对长者用"大爷"、"大妈"、"先生",不要用"喂"、"老家伙"、"老太婆"、"老头"等。对少年儿童用"小朋友"、"小同志"、"小同学",不要用"小家伙"、"小东西"等。称呼别人的量词用"位——各位、诸位",不要用"个"。对自己或自己一方的人可以用"个"。例如:对方问"几位?"自己答"×个人"。

第三，多用商量语气和祈求语气，少用命令语气的语句或无主句。如"您请坐"、"希望您一定来"、"请打开窗户好吗"、"请××同学回答"、"请让开一些"。这样语词和气、文雅、谦逊，让人乐于接受。

第四，说话要考虑语言环境。即不同场合、不同情况、谈话人的不同身份、谈什么事情，需要用什么语词、语调和语气。因为同一个语词用不同的语调和语气在不同的场合、情况下会产生不同的效果。例如"对不起"这一语词，因说话人的语调、语气不一样，可以是威胁、讽刺，也可以是表示歉意。又例如商业工作者出于工作和礼貌需要，见矮胖型的女顾客应说"长得丰满"，见瘦长体型的女顾客应说"长得苗条"。其实"丰满"和"苗条"是"肥胖"和"瘦长"的婉转说法，但前者易为别人接受。其次，要考虑不同的对象。在我国，人们相见习惯说"你吃饭了吗？""你到哪里去？"有些国家不用这些话，甚至习惯认为这样说不礼貌。因此，见了外国人就不适宜问上述话语，可改用"早安"、"晚安"、"你好"、"身体好吗"、"最近如何"等。

第五，注意说话的空间和时间。谈话人的身份各异，如果是长者、上级、师辈，谈话的距离太近和太远都是失礼的。男女同志之间谈话，距离则不宜太近。说话的时间过长（使人疲倦厌烦）、过多，使对方不明你的意思，或中途停顿（意思表达一半就不说了），都是不礼貌的。

总之，要根据时间、地点、对方的身份（年龄、性别、职业等）以及和自己的关系，多说并恰当地选择人情话和礼貌用语。

第七课

避开禁忌　口才无敌

口才在现代社会的功用勿须多言,但凡事都有两面性,若运用不当,口才之利也可能伤及自身。所以越是口才好的人越应该注意,不要口无遮拦地想到什么就说什么,尤其是不要触犯别人的禁忌——不管你有意还是无意。请记住:避开禁忌,口才方能无敌。

一、如何避免说话犯忌

1. 直言直语得罪人

其实"直言直语"本来是人性中一种很可爱、很值得大家珍惜的特质，因为也惟有这种直言直语的人，才能让是非得以分明，让正义与邪恶得以区分，让美和丑得以分明，让人的优缺点得以分明。但在人性丛林里，"直言直语"却是一个人的致命伤。

如果你不掩饰自己的情绪，不管什么场合，也不问对象是谁，不考虑说话会引起什么后果，心里有什么就说什么，直来直去，想说啥就说啥，结果无意中便得罪了别人。

老实厚道的李军是一家公司的中级职员，他的心地是公认的"好"，可是一直升不了职，和他同年龄、同时进公司的同事不是外调独当一面，就是成了他的顶头上司。另外，别人虽然都称赞他"好"，但他的朋友并不多，不但下了班没有"应酬"，在公司里也常独来独往，好像不太受欢迎的样子。

其实，李军能力并不差，也有相当好的观察、分析能力，问题是，他说话太直了，总是直言直语，不加修饰，于是直接、间接地影响了他的人际关系。

喜欢"直言直语"的人说话时常只看到现象或问题，也常只考虑到自己的"不吐不快"，而不去考虑旁人的立场、观念、性格。他的话有可能是一派胡言，但也有可能鞭辟入里；一派胡言的"直言直语"，

第七课 避开禁忌 口才无敌

对方明知，却又不好发作，只好闷在心里；鞭辟入里的直言直语因为直指核心，让当事人不得不启动自卫系统，若招架不住，恐怕就怀恨在心了。所以，直言直语不论是对人或对事，都会让人受不了，于是人际关系就出现了障碍，别人宁可离你远远的，眼不见为净，耳不听为静。

喜欢直言直语的人一般都具有"正义倾向"的性格，言语的爆发力杀伤力很强，所以有时候这种人也会变成别人利用的对象，鼓动你去揭发某事的不法，去攻击某人的不公。不管成效如何，这种人总要成为牺牲品，因为成效好，鼓动你的人坐收战果，你分享不到多少；成效不好，你必成为别人的眼中钉，是排名第一的报复对象。

所以，在与人交往的过程中，该委婉含糊时，就不要直白。

在日常交际中，总会有一些人们不便、不忍或者语境不允许直说的话，需要把"辞锋"隐遁，或把"棱角"磨圆一些，使语意软化，便于听者接受。比如，当你不赞成别人的某种做法时，你要巧妙地借助语气助词，把"你这样做不好"改成"你这样做不好吧"。也可灵活使用否定词，把"我认为你不对"改成"我不认为你是对的"。或者用和缓的推托，把"我不同意"改成"目前，恐怕很难办到"。这些话，都能帮助你取得良好的沟通效果，而不至于得罪别人。

对人方面，少直言指陈他人处事的不当，或纠正他人性格上的弱点，这不会被认作"爱之深，责之切"，而会被看作和他过不去。

比如某甲认为同事小敏的衣服难看，便马上对她说：

"腿短而粗的人不适合穿这种裙子。"结果，小敏脸一沉，扭头便走，留下某甲发愣。

或者某甲当着处长的面指点小张说：

"你的稿子里错别字很多，以后要仔细些。"

实话固然是实话，但不久后却隐约有人传言，某甲惯于在上级面前打击别人，抬高自己……

倘若如此，某甲恐怕会意识到自己的真诚并不那么受人欢迎，既然这样，又何苦呢？

2. 避免你的赞语引起误解

不要突然没头没脑地就大放颂辞。你对顾客的赞赏应该与你们眼下所谈的话题有所联系。请留意你在何时以什么事为引子开始称赞对方。对方提及的一个话题、他讲述的一个经历，也可能是他列举的某个数字，或是他向你解释的一种结果，都可以用来作为引子。

一男青年晚上在饭店碰到一位认识的女士，她正和一位女伴在用餐，两人刚听完歌剧，穿戴漂亮。这位男青年竟然觉得眼前一亮，很想恭维一下对方："噢，康斯坦泽，今晚你看上去真漂亮，很像个女人。"对方难免生气："我平常看上去什么样呢？像个清洁工吗？"

在一次管理层会议上，一位报告人登台了。会议主持人向略显吃惊的观众介绍："这位就是刘女士，这几年来她的销售培训工作做得非常出色，也算有点儿名气了。"这末尾的一句话显然画蛇添足地让人不太舒心，什么叫"也算有点儿名气"呢？

这些称赞的话会由于用词不当，让对方听来不像赞美，更像是贬低或侮辱。结果自然是事与愿违，不欢而散。

所以在表扬或称赞他人时也请谨慎小心。请注意你的措辞，尤其要注意以下几条基本原则：

（1）列举对方身上的优点或成绩时，不要举出让听者觉得无足轻重的内容，比如向客户介绍自己的销售员时说他"很和气"或"纪律观念强"之类和推销工作无甚干系的事。

（2）你的赞扬不可暗含对对方缺点的影射。比如一句口无遮拦的话："太好了，在一次次半途而废、错误和失败之后，您终于大获成功了一回！"

（3）不能以你曾经不相信对方能取得今日的成绩为由来称赞他。比如："我从来没想到你能做成这件事"，或是"能取得这样的成绩，你恐怕自己都没想到吧"。

另外，你的赞词不能是对待小孩或晚辈的口吻，比如："小伙子，你做得很棒啊，这可是个了不起的成绩，就这样好好干！"

总之，赞美就像空气清新剂，可以振奋对方的精神，"美化"你身边的气氛，但你也必须清楚，再好的清新剂也有过敏以至于反感者，更何况人与人之间的关系如此复杂，如果不首先练达人情，不根据所赞对象的心情及当时情境的具体情况而乱赞一通，恐怕真的会拍马屁拍到马蹄上。

3. 不满不必总形于言辞

在日常生活中，在单位上下级关系、同事中，感到自己受到了不公平待遇时，许多不够聪明的老实人，就立刻表现出不满、愤怒的情绪，甚至会暴跳如雷，大骂一通，而这些行为，只是简单发泄了一下自己激动的情绪，于对方却无丝毫的影响，反而白白耗费了力气，还可能会引来别人的误会，让自己受到更深的伤害。

刘宁是一家公司的行政助理，同事们都把她当成公司的"管家"，公司里事无巨细，都要找她才行，这样一来，刘宁每天事务繁杂，忙得团团转，牢骚和抱怨也就成了家常便饭。

这天一大早，又听她抱怨："烦死了，烦死了！"一位同事皱皱眉头，不高兴地嘀咕着："本来心情好好的，被你一吵也烦了。"

其实，刘宁性格开朗外向，工作起来认真负责。虽说牢骚满腹，该做的事情，一点也不曾怠慢。设备维护、办公用品购买、交通信费、买机票、订客房……刘宁整天忙得晕头转向，恨不得长出8只手来。再加上为人热情，中午懒得下楼吃饭的人还请她帮忙叫外卖。

刚交完电话费，财务部的小李来领胶水，刘宁不高兴地说："昨天不是刚领过吗？怎么就你事情多，今儿这个、明儿那个的？"抽屉开得噼里啪啦响，翻出一个胶棒，往桌子上一扔："以后东西一起领！"小李有些尴尬，又不好说什么，忙赔笑脸："你看你，每次找人家报销都叫亲爱的，一有点事求你，脸马上就长了。"

大家正笑着呢，销售部的王娜风风火火地冲进来，原来复印机卡纸了。刘宁脸上立刻晴转多云，不耐烦地挥挥手："知道了。烦死了！和你说一百遍了，先填保修单。"单子一甩："填一下，我去看看。"刘宁边往外走边嘟囔："综合部的人都死光了，什么事情都找我！"对桌的小张气坏了："这叫什么话啊？我招你惹你了？"

态度虽然不好，可整个公司的正常运转真是离不开刘宁。虽然有时候被她抢白得下不来台，也没有人说什么。怎么说呢？她不是应该做的都尽心尽力做好了吗？可是，那些"讨厌"、"烦死了"、"不是说过了吗"……实在是让人不舒服。特别是同办公室的人，刘宁一叫，他们头都大了。"拜托，你不知道什么叫情绪污染吗？"这是大家的一致反应。

年末的时候公司民意选举先进工作者，大家虽然都觉得这种活动老套可笑，暗地里却都希望自己能榜上有名。奖金倒是小事，谁不希望自己的工作得到肯定呢？领导们认为先进非刘宁莫属，可一看投票结果，50多份选票，刘宁只得12张。

有人私下说："刘宁是不错，就是嘴巴太厉害了。"

刘宁很委屈："我累死累活的，却没有人体谅……"

什么叫费力不讨好？像刘宁这样，工作都替别人做到家了，嘴上为逞一时之快，抱怨上几句，结果前功尽弃。冷语伤人，说者无心，听者有意，所以，既然做了，就心甘情愿些吧，抱怨是无济于事的，相反，还会埋没你的功劳。

4. 空头支票开不得

当今社会，开空头支票已成为一些人的习惯，嘴上说得好听，做起来却是另一套。

"空头支票"是一个人信用的组成部分，一旦开出而不能兑现，必然使自己的信誉度降低，因此，"空头支票"还是少开为佳。

在交际场上，说出去的话就像泼出去的水一样，无法收回，比如做生意的你信誓旦旦地承诺：

"不管怎么样，这次价格让你便宜两成！"

"无论什么时候都免费进行维修！"

"这个和那个就白送给你了！"

在总想卖出，让对方买下的心态支配下，很容易无意中说出多余的话来，而让对方抓住意外的许诺。

在说出没有商量余地的话之前，一定要在脑子里盘算几下，必须明确表明：在某种范围内自己要承担一定的责任。

处理纠纷时更须注意不要做口头上的许诺，千万不要为了安慰对方而说出对自己、对自己公司不利的话，如果对纠纷处理没有十分的把握，就不要依对方所说的去办。

"我方将很快做出处理，请原谅"、"那件事，我会负责的"、"这个，我知道怎么处理"等宜慎用。

在弄清事情的前因后果，判明自己的确有责任以后再说也不迟，虽然有必要倾听对方的发言，但是并不意味着就可以轻率地承诺，否则很容易被抓住这样的把柄：

"那时你曾发话责任由你承担的！"

"你向我们承诺过！"

不要在纠纷的当场许下诺言，而应该采用以下的话来平息纠纷：

"我们一定会努力查明问题的真相！"

"待和上司商量后，我们将酌情做出妥善处理！"

"这件事还是让我考虑考虑吧。"

"我试着干干看吧。"

但有时语言表达容易含糊不清，所以一旦找到对方能理解的妥协点，就要清楚说明哪些可做，哪些不能做，认真地予以解决。如果有可能的话，最好将其付诸书面形式，处理纠纷也是商业交涉，最后一定要弄得一清二楚。

如果你总是对朋友开"空头支票"，这个"行"那个"没问题"而不付诸实际行动，你将失去朋友的信赖，这样，你与对方的关系就难以维持下去了。

5. 客气话太多招人烦

客气是一面双刃剑，一方面能让不熟悉和不那么亲近的人感受到你的礼节和敬意；另一方面如果熟人客气，就会拉大你们之间的距离。因此，过度客气是熟人间的大忌。

假如你到一个朋友家里拜访，你的朋友对你异常客气，你每说一句话，他只有"是是"应答，惟恐你不高兴。如此一来，你一定觉得如芒刺背，坐立不安，最终逃之夭夭。

过度的客气显然是令人痛苦的，己所不欲，勿施于人，请大家谨记这句至理名言。

谈话的目的在于沟通双方的情感，在于增加双方的兴趣，而客气话则恰恰是横挡在双方中间的墙，如果不把这堵墙搬走，人们只能隔着墙做极简单的敷衍酬答。

朋友初次见面略谈客套话后，第二、第三次的见面就应竭力少用那些"阁下"、"府上"等名词，如果一直用下去，则真挚的友谊是无法建立的。客气话的堆砌必然损害融洽的气氛。

客气话是表示你的恭敬或感激，不是用来敷衍朋友的，所以要适可而止，多用就流于迂腐、浮滑、虚伪了。有人替你做一点小小的事情，譬如说递过一杯茶吧，你说"谢谢"也就够了。要是在特殊的情形下，那么最多说"对不起，这事情要麻烦你"也就很够了。但是有些人却要说："呵，谢谢你，真对不起，我不该把这些小事情麻烦你，真使我觉得难过，实在太感激了……"等一大串，你在旁边看见也会觉得不舒服的，可是你自己不也有这样的毛病吗？

说客气话的时候要充满真诚，像背熟了的成语似的流水般泻出来的客气语，显然是在敷衍应酬，容易使人产生不快。

课后练习：怎样改掉不良的谈吐习惯

不良的谈吐习惯是社交场合与人交谈时较为忌讳的。如果你是一个男人，谈吐障碍将会让你的能力、权威及说服力大大受损；如果你是一个女人，它会使你失去自己应有的魅力和吸引力，使人在初次听到你的声音时退避三舍。

（1）使用鼻音说话

这是一种常见且影响极坏的缺点，当你使用鼻腔说话时，你就会发出鼻音。如果你使用大拇指和食指捏住鼻子，你所发出的声音就是一种鼻音。

如果你使用鼻音说话，当你第一次与人见面时，就不可能吸引他人的注意。你的声音让人听起来像在抱怨、毫无生气、十分消极。不过，如果你说话时嘴巴张得不够，声音也会从鼻腔而出。当你说话时，上下齿之间最好保持半寸的距离。鼻音对于女人的伤害比对男人更大，你不可能见到一位不断发出鼻音却显得迷人的女子，如果你期望自己在他人面前具有极大的说服力，或者令人心旷神怡，那么你最好不要使用鼻音，而应使用胸腔发音。

（2）有口头禅

在我们平常与人讲话或听人讲话之时，经常可以听到"那个、你知道、他说、我说"之类词语，如果你在说话中反复不断地使用这些词语，那就是口头禅。口头禅的种类繁多，即使是一些伟大的政治家在电视访谈中也会出现这种毛病。

有时，我们在谈话中还可以听到不断的"啊"、"呃"等声音，这也会变成一种口头禅，请记住奥利佛·霍姆斯的忠告——切勿在谈话中散布那些可怕的"呃"音。如果你有录音机，不妨将自己打电话时的声音录下来，听听自己是否出现这一毛病。一旦弄清自己的毛病，那么在以后与人讲话的过程中就要时时提醒自己注意这一点，当你发现他人使用口头禅时，你会感到这些词语是多么令人烦躁，多么单调乏味。

（3）小动作过多

检查一下自己，你是否在说话途中不停地出现以下动作：坐立不安、蹙眉、扬眉、扭鼻、歪嘴、拉耳朵、扯下巴、搔头发、转动铅笔、拉领带、弄指头、摇腿等。这些都是一些影响你说话效果的不良因素。当你说话时，听众就会被你的这些动作所吸引，他们会看着你的这些可笑的动作，根本不可能认真听你讲话。

有一位公司老板，当他做公共讲话时，总是让自己的秘书与观众站在一起，如果他的手势太多，秘书就会将一支铅笔夹在耳朵之上以示提醒。当然，我们不可能人人做到如此，但在你讲话时，完全可以自我提示，一旦意识到自己出现这些多余的动作时，要赶紧改正。

(4) 你的眼神心不在焉

当你与别人握手致意时，你们彼此便建立了一种身体的接触，眼神的交汇作用也同样重要，通过相互传递一种眼神，你们便可以建立一种人际关系。

眼神不仅可以向他人传递信息，你也可以从他人的眼神中接收到某些信息。你似乎听到他们在说：

"真有意思！"

"真令人讨厌。"

"我明白了。"

"我被你给弄糊涂了。"

"我准备结束了。"

"我十分乐意听你讲话。"

"我不想和你讲话。"

……

当你说话的时候，你的眼睛是否也在说话？或者你故意回避他人的视线，而不敢与人相对而视，因为那会令你觉得不适？你是否会边说边将眼睛盯在天花板上？你是否低头看着自己的双脚？你看到的是一簇簇的人群，还是一个个的人？总之，再没有比避开他人视线更易失去听众的了。

二、只说不听是口才艺术的大忌

1. 倾听可以起到夸夸其谈起不到的作用

从人性的本质来看，每个人最关心的都是自己。要使别人喜欢你，那么你就做一个善于静听的人，鼓励别人多谈论自己。

乌顿在纽约的一家百货商店买了一套衣服。可这套衣服穿上却很令人失望：上衣退色，把他的衬衫领子都弄黑了。不得已他又来到该商店，找卖给他衣服的店员，告诉她事情的经过。乌顿想诉说此事的经过，却被店员打断了。店员一再声称：他们已经卖出了数千套这种服装，乌顿是第一个来挑剔的人。正在乌顿和店员激烈争论的时候，另一个店员也加入了，他说所有黑色衣服都要退一点儿颜色，并强调这种价钱的衣服就是如此。

当时，乌顿听到这些，简直气得心中冒火，店员不仅怀疑他的诚实，而且还暗示他买的是便宜货。乌顿恼怒起来，正要骂他们，正好经理走过来。他懂得他的职责，正是他使乌顿的态度完全改变了。

他先静静地听乌顿讲述了事情的经过。当乌顿说完时，店员们又开始插话表明他们的意见。而此时经理却站在乌顿的立场与他们辩论。他不仅指出乌顿的衬衣领子明显地是被衣服所污染，并坚持说，不能使人满意的东西就不应在店里出售。他承认自己不知衣服退色的原因，并请乌顿提出他的要求。

就在几分钟前，乌顿还预备要店员留起那套可恶的衣服，但现在却决定听取经理的意见。经理建议乌顿再试穿一周，如果到时仍不满意，就来换，并向乌顿道歉。乌顿非常满意地走出了该商店，一周后这衣服没有毛病，乌顿对那家商店的信任又完全恢复了。

请不要忘记在与你谈话的人，对他自己、他的需要、他的问题，比对你及你的问题要感兴趣千倍。正如《读者文摘》中的一篇文章所说："许多人之所以请医生，他们所要的只不过是一个静听者。"

林肯在美国最黑暗的内战时，写信给伊利洛斯的一位老友，邀他到华盛顿来，要与他讨论一些问题。这位老友应邀前来白宫，林肯同他讲了有关黑人的诸多问题。谈论数小时后，林肯与老友握手道别，并把他送回伊利洛斯，竟没有征求他的意见。数个小时的谈话中，几乎所有的话都是林肯在说，那好像是为了舒畅他的心境。谈话之后，林肯对老友说谈话之后他感到安适。这位老友事后说，当时他只是一个友善的、同情的静听者，他并没有为林肯做什么。

做一个静听者，是我们在困难中都需要的，是愤怒的顾客所需要的，也是一些不满意的雇员、感情受到伤害的朋友所需要的。

为了让自己成为受人敬爱的人，我们必须培养一种"设身处地"的能力，也就是抛开自己的立场置身于对方立场的能力。只要能够体恤对方的心情，同时积极地分享对方的心事，努力维持亲密而和谐的关系，并谈论些自然生动的话题，我们就能够成为受欢迎的人。

2. 给他人说话的机会

大多数人，为了让别人同意他自己的观点，都把话说得太多了。尤其是推销员，常犯这种划不来的错误。尽量让对方说话吧。他对自己的事业和他的问题了解得比你多。所以向他提出问题吧，让他告诉你几件事。

如果你不同意他的观点并且很想打断他，但不要那样，那样做很危险。当他有许多话急着说出来的时候，他是不会理你的。因此你要耐心地听着，抱着一种开放的心胸。要做到诚恳，让他充分地说出他的看法。

每个人都重视自己，喜欢谈论自己，即使你的好朋友也一样，他们可不愿听你唠唠叨叨地在那儿自吹自擂。

法国一位哲学家曾说过："如果你想树立敌人，只要处处压过他、超越他就行了。但是，如果你想得到朋友，你就必须让朋友超越你。"

这是什么道理呢？当朋友优于我们、超越我们时，可以给他们一种优越感。但是，当我们处在压过他们、凌驾他们之上时，就会使他们产生自卑而导致嫉妒与不悦。

所以，让我们谦虚地对待周围的人、事、物。鼓励别人畅谈他们的成就，自己不要喋喋不休地自吹自擂。每个人都有相同的需求，都希望别人重视自己、关心自己，为什么不肯牺牲一点点，让别人得到愉快的感受呢？

所以，如果你希望别人的看法与你一致，达到说服的目的，别忘了给他人说话的机会，使之能畅所欲言，充分地表达出自己的心声。

3. 倾听可以让谈话的气氛更活跃

人们都喜欢自己说，而不喜欢别人说话，更喜欢谈论自己的事情。而且往往在没有完全了解别人的情况下，对别人盲目下判断，这样便造成了人际交往中难以沟通的情况，构成交流的障碍和困难，更有甚者会造成双方的冲突和矛盾。

卡耐基的名声远播到了欧洲，欧洲的有些地方就邀请他去做演讲，卡耐基有了一次欧洲之行。

从欧洲回来之后，一天，卡耐基的朋友邀请他参加桥牌晚会。在这个晚会上，只有卡耐基和另外一位女士不会打桥牌，于是他俩坐在一旁闲聊。

这位妇女知道卡耐基刚从欧洲回来，于是就对卡耐基说："啊，卡耐基先生，你去欧洲演讲，一定到过许多有趣的地方，欧洲有很多风景优美的地方，你能讲讲吗？要知道，我小时候就一直梦想着去欧洲旅行，可是到现在我都不能如愿。"

卡耐基一听，就知道这位女士是一位健谈的人。他知道，如果让一位健谈的人很久地听别人说话那就如同受罪，心中定是憋着一口气，并且不时要打断你的谈话，或者对你的话根本毫无兴趣。他明白这位女士想从自己的话中寻找一些契机好帮助她能够开始自己的谈话。

卡耐基刚进晚会时听朋友介绍过她、知道她刚从南美的阿根廷回来。阿根廷的大草原景色秀丽，到那个国家去旅游的人都要去看看的，且都有自己的一番感受。

于是他对那位女士说："是的，欧洲有趣的地方可多了，风景优美的地方更不用说了。但是我很喜欢打猎，欧洲打猎的地方就只有一些山，很危险的。就是没有大草原，要是能在大草原上边骑马打猎，边欣赏秀丽的景色，那多惬意呀……"

"大草原，"那位女士马上打断卡耐基的话，兴奋地叫道，"我刚从南美阿根廷的大草原旅游回来，那真是一个有趣的地方，太好玩了！"

"真的吗，你一定过得很愉快吧，能不能给我讲一讲大草原上的风景和动物呢？我和你一样，也梦想到大草原去的。"

"当然可以，阿根廷的大草原可……"那位女士看到有了一个倾听者，当然不会放过这个机会，便滔滔不绝地讲起了她在大草原的旅行经历。然后在卡耐基的引导下，她又讲了布宜诺斯艾利斯的风光和她沿途旅行的国家的风光，到了最后，这场谈话甚至变成了她对自己这一生去过的美好地方的追忆。

卡耐基在一旁耐心地听着，不时微笑着点点头鼓励她继续讲下去。那位女士一直讲到晚会结束，她遗憾地对卡耐基说："卡耐基先生，下次见面我继续给你讲，还有很多很多呢！谢谢你让我度过了这样美好的一个夜晚。"

卡耐基在这一个晚上只说了几句话，然而，那位女士却向晚会的主人说："卡耐基真会讲话，他是一个很有意思的人，我很乐意和他交谈。"

其实，卡耐基知道，像她这样的人，并不想从别人那里听到些什么，她所需要的仅仅是一双认真聆听的耳朵。她想做的事只有一样：倾诉。她心里真想将自己所知道的一切全都讲出来，如果别人愿意听的话。对这种谈话者，最好不要自以为是，卖弄口才，堵住她们的嘴巴，那只会赢来打哈欠的嘴巴和厌烦的表情。一般人有两种心理状态：其一是，一般来说，一个人作为一个独立的主体，他总是事事从自我的角度出发，他最喜欢的是他自己而非别人，他最爱谈论的便是自己，所以在谈话时不是倾听别人讲话，而是口若悬河地向别人讲自己的事，这是典型的自我中心主义者。其二是，不是很健谈的人，他的心理活动比较复杂，情绪变化较大。由于他沉默寡言，不开心的事情不愿讲出来，许多烦恼的情绪都被理智地积压在心中。有时候，有了什么高兴的事情，也不喜形于色，不愿与人分享，也埋藏在心中，这种人表面上看起来不动声色，坚强沉着，内心活动却很激烈。因此，遇到一次宣泄的机会，而你正是他的朋友，你千万不能打断他，这时你所需要做的就是静静地听。在倾听的过程中，你们的友谊在加深，他对你的信任程度也在增加，你会因此而获得一份真诚的友情。因为当他发现你在认真地聆听他的话时，好感和亲近感便油然而生了。因为你已满足了他的需要，最重要的是，你一开始便尊重他了。他在你的这种态度上找到了他的重要感和自信心。

4. 生活中每一次谈话都要注意倾听

任何一件小事都是不应该被人们忽视的。也许人们不相信在生活中时时刻刻注意倾听却可以使你的生活里充满阳光和爱意，有一位女士就非常注意这一点，无论是对大人还是对孩子。当她的儿子罗伯特和她谈心的时候，她总是很注意地倾听。有一天，罗伯特问她："妈妈，你爱我吗？"她点点头："那是当然。"罗伯特对她说："每当我说话时你总是放下手中的工作认真地听我讲，在那个时候，我感到你是爱我的。这样的事在生活中天天都在发生，而我们却没有注意到。"

如果是一个你喜欢的人向你倾诉，听听倒也无妨，如果你根本不愿意跟他罗嗦，那你该怎么办呢？

遇到这种情况，你就应该分析一下，正如卡耐基所说："如果在你的日常生活中，你不想听他说，你也觉得没必要跟他交朋友，这时，你可以不听。但是，要记住一点，千万不要让他下不了台。如果你让他下不了台，就是不尊重他，这是不礼貌的行为、因为这是社交中最基本的礼貌。他滔滔不绝地说下去，你可以做一些动作来暗示他停止他的谈话。例如，你眼睛不瞧他，而向其他地方看，并不时地改变方向。或者信手翻阅一本书，并装出对书的内容极感兴趣，越看越出神。有时，不时地看表，脸上做出很焦急的样子。如果你还具有表演天赋的话，做点'欲言又止'的动作让他看看。这样，他就知道你根本对他的话不感兴趣，就会知趣地停住。通过以上方法，我们可以轻易地摆脱对方话语的'纠缠'而又使他不失面子。"

但是，如果你是一位推销员或者你是一位调解员，不管对方有多么讨厌，你都要耐着性子听下去，并要注意对方的话，因为这是你的工作需要，你要得到别人的好感，这样才对你的工作有利。如果你像上面所说的那样对待对方，那么只会把成功变为泡影。

5. 成功的倾听有规律可循

只谈自己的人想到的只有他自己，而这样的只知自己而不知别人的人最终会在复杂的人际关系网中一筹莫展。

华盛顿大学校长、美国知名学者尼古拉斯·巴勒莫说："那些在谈话中老爱用'我'的人无知得无可救药，不论他们如何能说会道，滔滔雄辩，他们始终是无知的。"因此，如果你想成为一名健谈者，如果你想让别人对你感兴趣，听你讲些什么，首先你要对别人感兴趣，认真地听别人讲话。提出别人乐意回答的问题，鼓励对方谈他的成就，并认真地倾听，你就能得到别人的尊重和好感。

那么，倾听有没有一些可以遵循的基本规律呢？下面介绍几种：

（1）要表示出诚意

倾听是一个比较严肃的事情，可能会耽误我们的一些时间。如果你没有时间或别的原因而不能倾听某人的谈话时，最好要客气地提出来："很抱歉，今天我有两件急事要办，你能不能改天跟我说？我一定听你慢慢讲。"如果你不真心愿意去听而又勉强去听，或者装着听，那么你的精力一定不能集中。你也许会一边翻书一边做别的什么，或者去想其他事情。你这些举动肯定逃不过讲话人的眼睛。说话人一定会对你的粗心产生很大的不满。我们设身处地地想一想，对一个漠视我们谈话而又勉强应付的人，你的感觉又是如何呢？因此，我们一定要真心诚意，集中注意力认真地听。

（2）应该坚持

对说话者的尊重之一就是要倾听完，不能随意打断别人的话。要等待或鼓励说话者把话说完，一直到听懂全部的意思。一些人的语言表达能力有限，有可能缺乏逻辑性，但如果你有足够的耐心，别人是可以把事情说清楚的，有时别人说的观点也许你不能接受，你不应马上就表示反对，并马上表明自己的态度。一些伤对方感情的话，也要耐心地听，找出他话中不对的和对的方面。有时即便你并不同意对方的观点也应做出一些动作或用一些应答词以表示理解。总之，一定要等到对方把话说完。

（3）配合说话者

听对方说话不要一味地只安静地倾听，必要时应做出一些辅助动作，如眼睛看着说话人的眼睛和手势，脸向着说话者。同时适时地加以简短的插话，如"对"、"是的"，乃至点头微笑之类对说话者进行适时的鼓励，表示他的话已对你产生作用。有时他说的话你没听清楚或没听懂，你可以要求说话人重复一遍，直至你把全部意思搞懂，这样也更显得你尊重对方。

课后练习：为什么说倾听能改变说话的结果

真正有效的聆听，不仅仅是耳朵的简单使用，而是和嘴巴、脑袋有效的配合。尤其是嘴巴，因为许多人一直认为当别人说话时，闭起嘴巴才是讲礼貌的表现。

"聆听"的要旨是对某人所说的话"表示有兴趣"。如果发言者谈论的内容确实无聊且讲话速度又慢，我们可以转变自己的想法，所谓"三人行，必有我师"，设想聆听这场谈话或多或少都可使自己获益，那么在聆听别人谈话时就会自然流露出敬意，这才是有礼貌的表现。某人被一家大公司聘用担任销售经理。但是，他对公司具体的推销品牌和推销业务却绝对是一窍不通。当推销人员到他那里去汇报工作并征求建议时，他什么答复都无法提供——因为他自己一无所知！然而，这个人的确是一个懂得如何倾听的高手。手下的推销员问他什么问题，他都会回答说："你自己认为应该怎么做呢？"那些人自然就会说出他们的想法和解决方案，他接着就点头表示同意，然后他们就满意地离开了。他们都认为他是一个优秀的销售经理。

具备优势的时候需要沉默。天地之大，美而不言；太阳不语，自是一种光辉；高山不语，自是一种巍峨；蓝天不语，自是一种高远……人也一样，桃李不言，下自成蹊。

取得成绩的时候需要沉默。面对成绩和掌声，成功者报以深深的一鞠躬。这是无声的语言，是恰到好处的沉默。

遭受挫折的时候需要沉默。在失败和厄运面前，拭去眼泪，咬紧牙关，默默地总结教训，然后再投入新的战斗，不失为上策。

等待时机需要沉默。造化总是把机会赠送给有充分准备的人。怨天尤人无济于事，不断充实和完善自己才是可靠的。

承担痛苦的时候需要沉默。如果亲友沉浸在不能自拔的悲伤之中，此刻，无论你说什么，他都听不进去，那就默默地陪他度过一段时光，默默地为他做一些事情。

沟通心灵的时候需要沉默，不是随便打断他的话，而是善于倾听。从倾听中吸取智能，弥补纰漏，建立信任，产生满足感。

沉默是金，有些人以为沉默就是不开口少说话，其实，这并不是说要你成天板着脸，冷冰冰地让人难以琢磨，而是适时适度地运用沉默的力量。

　　长时间的沉默会给人造成极大的心理压力。我们常常可以在影视作品中看到监狱中有一个叫作禁闭室的房子，用来惩罚不听话的犯人。房间不仅非常狭窄，而且最重要的是那里既见不到阳光又没有人和你说话，你就这么静静待着，一待两个星期或者更长时间。实际上，正常的人即使是在里面关上一天都会感觉度日如年。因为人生性是排斥黑暗和沉默的，沉默使人感到没有依靠，有的时候真可以让人为之疯狂，所以人常常会沉不住气。

　　正因如此，许多心理战的高手才经常会利用倾听这张牌来打击对手，利用它来达到目的。

　　台湾有一个经营印刷业的老板，在经营了多年之后萌发了退休的念头。他原来从美国购进了一批印刷机器，经过几年使用后，扣除磨损费应该还有250万美元的价值。他在心中打定主意，这批机器，一定不能以低于这250万美元的价格出让。有一个买主在谈判的时候，针对这批机器滔滔不绝地讲了很多缺点和不足，这让印刷业的老板十分恼火。但是他在自己刚要发作的时候，突然想起自己250万美元的底价，于是又冷静了下来，一言不发，看着那个人继续滔滔不绝。结果到了最后，那人再没有说话的气力，突然蹦出一句："嘿，老兄，我看你这个机器我最多能够给你350万美元，再多的话我们可真是不要了。"于是，这个老板很幸运的比计划多赚了整整100万美元。

　　倾听是一门艺术。倾听的技巧就是在对方谈话时聚精会神、全神贯注地聆听。当某个人到你的办公室来和你谈判时，你绝对不允许任何事情分散你的注意力。如果你是在一个喧哗嘈杂的房间里和人谈话，你应当想方设法地让对方感觉到在场的只有你们两个人。

　　在交谈中，你的双眼应直盯着对方。即使此时有一个持枪的暴徒突然闯进房间，你或许也不会注意到的！尼克深深地记得被冒犯的一次亲身经历：尼克和他的销售经理正在共进晚餐，每次那位漂亮的女招待经过他身边时，销售经理的视线就会一直追随着她，直到看不见为止。尼克当时感到自己受到了莫大的侮辱，并愤愤不平地想道："那位女招待的腿显然要比自己说的话对他更重要。他一点都没有认真听我讲话，他完全漠视了我的存在！"为了清楚地听到对方的谈话，聚精会神、集中注意力是必要的，因为如果我们的精力不集中，我们就会神游天外、心不在焉。

还需要注意的是，作为一个有修养的聆听者会记住讲话人所有发言的内容重点，并完全了解别人的希望所在，而不是去注意发言人的长相、声调。

在对方倾诉的时候，尽量不要打断对方说话，大脑思维紧紧跟着他的诉说走，要用脑而不是用耳听。要学会理性的善感。理性的善感就是忧他而忧、乐他而乐，急他所需。这种时候往往要配合眼神和肢体语言，轻柔地看着对方的鼻尖，如果明白了对方诉说的内容，要不时地点头示意。必要的时候，用自己的语言，重复对方所说的内容。如：你刚才所说的孤独，是指心灵上的孤独，所以你在人越多的时候，越感到孤独，不知道我对你理解的是否正确（要鼓励对方继续说下去）。

做一个合格的倾听者应当掌握的四个要点是：注意、接受、引深和欣赏话题。

（1）注意

倾听时，眼睛注视说话的人，将注意力始终集中在别人谈话的内容上，给予对方一个畅所欲言的空间，不抢话题，表现出一种认真、耐心、虚心的态度。

（2）接受

交谈时，通过赞同的微笑、肯定的点头，或者手势、体态等做出积极的反应，表现出对谈话内容的兴趣和对谈话方的接纳与尊重。

(3) 引深话题

通过对某些谈话内容的重复和对谈话方情感的重述，或通过提出某些恰当的问题，表现出对谈话内容的理解，同时帮助对方完成叙述，从而使话题进一步深入。

(4) 欣赏

在倾听中找出对方的优点，并发自内心地赞叹，给以总结性的高度评价。欣赏使沟通变得轻松愉快，它是良性沟通不可缺少的润滑剂。